沖縄国際大学公開講座 27

法と政治の諸相

はしがき

本学は毎年公開講座の一環として「うまんちゅ定例講座」を開講し、今年度で二十七回を数えるまでになった。いま、関心を集めているテーマを設定し、受講してくださる皆様の知的関心に十分応える内容となるようにつとめている。本書は、今年度のうまんちゅ定例講座での講演を基に、各講師陣が加筆修正しまとめたものである。

本学は、地域に住まわれる住民の皆様のご協力によって設立された私学である。また、校名も今流行の国際を冠するが、それとは明らかに異なる重い意味を担っている。本学は国際大学と旧沖縄大学とを併合することによって誕生した大学である。かかる経緯を背景に持つため、地域連携には強いこだわりがあり、本学の目標として、「地域における生涯学習の拠点」とし、「沖縄の発展に寄与する研究を推進」することをモットーに掲げている。

このような本学の設立に至る経緯に鑑みれば、うまんちゅ定例講座も日頃の教員の研究成果を幾分なりとも、地域に還元するものであり、研究者集団としても地域への責任を果たせるものであると考える。

さて、今年度は「法と政治の諸相」を統一テーマとし、一〇名のエキスパートにそれぞれの専門分野での研究成果を熱く語っていただいた。

沖縄の子どもを取り巻く人権状況を、学校という教育現場での子どもの人権、沖縄の貧困という環境下での子ども食堂・子どもシェルターを通じてみた子どもたちへの支援の実際と課題、目を転じて、労働者や消費者といった社会的弱者の目線に立っての人権状況の概観と課題、クルマ社会でもある沖縄に根ざした自賠責保険のあり方、沖縄の経済的自立へと向けられた経済政策と法のありかた、沖縄の市町村合併に伴う自治体の財政問題に加え、沖縄の海兵隊配備・駐留米軍の歴史など政治問題にもメスを当てている極めてユニークな書物ができあがった。

さいごに沖縄辺野古の基地問題にも造詣が深い国際人権法学者であられる青山学院大学名誉教授・新倉修先生、沖縄県内で第一号となった子どもシェルターを立ち上げられてその理事長であられる弁護士の横江崇先生、沖縄子ども食堂の運営に多くの仲間と当たられているスミス美咲先生には、お忙しい中お時間を割愛していただき、まことにありがとうございました。日頃、研究教育でご多忙の中、本講座の趣旨につきご理解いただき、快くお引き受けいただいた本学の先生方にも厚くお礼申し上げたい。また、沖縄国際大学経営広報役員室の安仁屋宗行課長をはじめ職員、東洋企画の皆様にも大変お世話になった。記して感謝の意を表する。

二〇一七年度沖縄国際大学公開講座委員長　中　野　正　剛

平成29年度沖縄国際大学公開講座（うまんちゅ定例講座）

第1回	6月3日(土)	子どもの人権と沖縄の子どもの現状	横江　崇（弁護士・ＮＰＯ法人子どもシェルターおきなわ理事長）
第2回	6月24日(土)	労働者に関する法と手続 ～よりよい労働紛争の解決システムを考える～	上江洲純子（沖縄国際大学法学部教授）
第3回	7月8日(土)	外国軍事基地の国際法と人権	新倉　修（青山学院大学名誉教授）
第4回	7月29日(土)	学校と人権 ―校則と人権のこれまでとこれから―	安原　陽平（沖縄国際大学総合文化学部講師）
		高校生の「政治活動の自由」の現在	城野　一憲（鹿児島大学教育学系講師）
第5回	8月5日(土)	沖縄の経済政策と法	伊達竜太郎（沖縄国際大学法学部准教授）
第6回	8月26日(土)	弁護士費用補償特約について	清水　太郎（沖縄国際大学法学部講師）
第7回	9月16日(土)	消費者と法	山下　良（沖縄国際大学法学部准教授）
第8回	9月30日(土)	子ども食堂の現状と課題（講演録）	スミス美咲（ＮＰＯウーマンズプライド代表 沖縄国際大学大学院法学研究科在籍）
第9回	10月7日(土)	海兵隊、沖縄駐留の歴史	野添　文彬（沖縄国際大学法学部准教授）
第10回	10月14日(土)	市町村合併の自治体財政への影響 ―沖縄県内の合併を事例に―	平　剛（沖縄国際大学法学部准教授）

法と政治の諸相 —— 目次

学校と人権
―校則と人権のこれまでとこれから―

安原陽平

高校生の「政治活動の自由」の現在

城野一憲

※役職は講座開催当時、本文は講座開催の順序で編集。

子どもの人権と沖縄の子どもの現状

横江　崇

横江　崇・よこえ　たかし

一九七六年東京生まれ。中央大学法学部卒業後、二〇〇〇年司法試験合格。二〇〇二年司法修習生として来沖。二〇〇三年沖縄弁護士会に弁護士登録。二〇〇六年美ら島法律事務所開業。二〇一六年NPO法人子どもシェルターおきなわ設立。

少年非行、児童虐待、いじめ等の子どもの人権課題に取り組んでいる。

現在、沖縄弁護士会子どもの権利に関する特別委員会委員長。沖縄県社会福祉審議会委員。沖縄県子どもの貧困対策に関する有識者会議構成員。NPO法人子どもシェルターおきなわ理事長。

※役職肩書等は講座開催当時

一　弁護士が関わる子どもたち

弁護士が関わる子どもたちとは、次のような場合に大きく分けることができる。

①非行→少年事件の付添人活動
②虐待→児童相談所の嘱託（施設入所承認申立、親権停止申立等）
③いじめ→学校交渉、加害者交渉
④体罰、校則、学校事故→学校交渉
⑤児童買春、児童ポルノ→子どもが被害に遭う刑事事件の弁護人
⑥離婚における子ども→親権者指定・変更、面会交流、養育費等への関与
⑦戸籍がない子
⑧子どもの貧困への支援

二　人権とは

人権とは、誰もが生まれながらに持っている権利であり、人間が人間らしく、安心、安全、自由に、幸せに生きる権利である。その根本には、憲法一三条が保障する個人の尊厳、個人の尊重という理念がある。すなわち、人間はみんな一人ひとり違っていて、一人ひとりが大切ということであ

る。これは成人であっても、子どもであっても変わらない。

三　子どもの人権とは

子どもの人権とは何であろうか。

児童の権利に関する条約に規定が置かれている。この条約は、一八歳未満のすべての児童の基本的人権を保障し、保護することを目的とした国際条約（一九九四年批准）である。そこでは、「子どもは、大人とは違った固有の意味・世界を持つ存在であり、固有の権利を持つ」とされている。

児童の権利に関する条約に置かれた子どもの権利の中身とはどのようなものであろうか。父母から分離されない権利、意見表明権、父母の養育責任と国の援助、虐待・放置・搾取等からの保護、家庭環境を奪われた児童の養護、障害児の権利、社会保障を受ける権利、教育についての権利、経済的搾取・有害労働からの保護、性的な搾取・虐待からの保護、誘拐・売買・取引の防止、被害児童の心身回復と社会復帰など全五四か条である。

四　子どもの権利を支える柱

こうした子どもの権利を支える柱とはどのようなものであろうか。

子どもの権利には四つの柱があると言われている。

1　生きる権利

防げる病気などで命をうばわれないこと。病気やけがをしたら治療を受けられることなど。

2　育つ権利

教育を受け、休んだり遊んだりできること。考えや信じることの自由が守られ、自分らしく育つことができることなど。

3　守られる権利

あらゆる種類の虐待（ぎゃくたい）や搾取（さくしゅ）などから守られること。

障害のある子どもや少数民族の子どもなどはとくに守られることなど。

4　参加する権利

自由に意見をあらわしたり、集まってグループをつくったり、自由な活動をおこなったりできることなど。

五　子どもの権利の本質

子どもの権利の本質は、以下の点にあると言われている。

「子どもの成長発達権」

一人ひとりの子どもがその秘めている能力を最大限に発達させ、健全に成長する権利

「子どもの最善の利益」を叶えること

子どもの立場に立ち、子どもが置かれている状況において、将来的、長期的視点から子どもにとって最大限の権利が保障されることに配慮しなければならない

六　子どもの権利思想の展開

従来、パターナリズム（不完全性、未成熟性）の考えから、子どもを保護の客体とみなしていたが、近年は、子どもを一個の独立した人格として尊重し、子どもを権利の主体とする考え方に変容している。

子どもの独自性、固有性を大事にし、子どもを子どもとして完成した人間として扱っていこうとする思想である。

少年非行の防止に関する国連指針（リヤド・ガイドライン、一九九〇年）では、「幼児期からそ

の人格を尊重および促進しながら社会全体が努力する必要がある。」「青少年は社会のなかにあって積極的な役割およびパートナーシップを担うべきであり、単に社会化または統制の対象と見なされるべきではない。」と規定しているところ、子どもと大人は対等かつ全面的なパートナーであり、大人は子どもの支配者ではない。

七　子どもの自己決定権

自己決定権とは、一定の個人的な事柄（①自己の生命・身体の処分に関する事柄、②家族の形成・維持に関わる事柄、③生殖に関する事柄、④その他の事柄）について、公権力から干渉されることなく、自ら決定することができる権利である。

自ら選びながら成長していく子ども自身の選択・決定を尊重し大事にすること、子どもの意見表明権を認め、これをできるかぎり尊重し、保障することが大切である。

ただ、子どもの自己決定権について、親権による制約、パターナリスティックな制約を受ける。親権者には、身上監護権（居所指定権・懲戒権・職業許可権）、財産管理権があり、子どもが自分の意思だけで仕事をしたり、契約を締結することができない等という意味において自己決定が制約されている。また、パターナリスティックな制約とは、飲酒・喫煙、有害図書、ギャンブル等の制約である。学校における校則（髪型、服装、その他行動様式の制約）は、子どもの自己決定権への制約としてどこまで許されるか、大きな問題を抱えている。

八　子どもの人権の危機

沖縄県が推計した平成二六年の子どもの相対的貧困率は二九・九％。子ども三人に一人が貧困状態にあると考えられている。今や「子どもの貧困」は、全県挙げて取り組むべき喫緊の課題となっている。

沖縄は、全国最悪の失業率と全国平均の約七〇％という全国最低水準の県民所得の状態が長年にわたって続いているのみならず、非正規雇用率、ワーキングプア率も高い。また、沖縄県の合計特殊出生率は、全国で最も高く、〇から一四歳までの年少人口の割合も高い。しかも、一〇代での婚姻率、出産割合が全国で最も高い。その一方で、平成二六年の離婚率も人口一〇〇〇人あたり二・五三と全国で最も高く、母子世帯・父子世帯の割合も全国トップである。母子世帯の就業形態の多くは、パートや臨時職であり、低い賃金での労働を強いられている。

他方、平成二二年の核家族率は八七・三％であるところ、全国平均よりも高い。自治会への加入率も低くなっていると言われている。アンケート調査によると、近所の人に会ったときは挨拶をしている、今住んでいる地域の行事に参加したことがあると答えた小中学生の割合は、全国よりも低い。このように、近所とのつながりが希薄化し、子育てにおける地域コミュニティ機能が弱体化していることがうかがえる。

さらに、沖縄において、高校進学率、大学進学率、高校不登校率、高校中退率、中学高校卒業後のいずれも悪い。若年無業者率も全国一位である。

他方、沖縄の不良行為少年補導人員は、生徒数あたりの人数で全国の四倍程度にも上る。特に、飲酒、深夜はいかい、怠学が高いところ、年中温暖な気候、夜型社会という、沖縄の風土の特徴が少年の社会にも如実に反映されているといえる。刑法犯少年については、中学生の割合が極めて高く、他方で高校生の割合が著しく低い。このように、少年非行の低年齢化が顕著である。平成二五年の再犯率は四四・一％で全国より約一〇ポイント高く、共犯率も六〇・三％で全国より二〇ポイント以上も高い。また、家裁への係属事件においては、道路交通保護事件の事件数が極めて多く、バイクがらみの道路交通関係の事件が多いのが特徴的である。

以上のとおり、貧困や地域コミュニティ機能の弱体化、子育ての孤立、子どもの成長にとって不可欠な関係性の希薄化等が、沖縄の子どもの健全な成長に大きな影響を及ぼしており、沖縄の子どもたちを取り巻く環境は決して好ましい状態にないといえる。子どもを支える社会的基盤を強化しなければならない。

九　子どもシェルターの活動

この社会には、子どもを守り育て支える大人がいないために、自分の力だけではどうしようもない問題を抱え、居場所を失ってしまう一四、五歳から一九歳までの子どもたちがいる。居場所のない一〇代後半の子どもたちは、制度の狭間に落ち込んでおり、既存の制度や施設では十分なケアができない。

そこで沖縄において、平成二八年四月、居場所を失った子どもが安心して暮らせる場所を作るため、弁護士が中心となり、福祉、医療、心理、教育など子どもに関わる方々と共に、子どもシェルターを開設した。

子どもシェルターの対象者は、居場所のないおおよそ一四歳から一九歳くらいまでの女子である。家庭的な雰囲気の中で落ちついて生活ができるよう、広めの一戸建ての建物を賃借し、衣食住を提供している。保護者による連れ去りの問題等があるため、場所は非公開である。

子ども一人ひとりに担当の弁護士（通称「子ども担当弁護士」）を選任し、子ども担当弁護士は、子どもの話を聞き、子どもの抱える困難な問題や課題を子どもと一緒に整理し、解決策を模索し、子どもの言葉を代弁し、家族や学校等関係機関との調整を図る。スタッフが、一緒に生活し、話を聞き、相談に乗る。医療的、心理的な支援が必要な場合は、児童相談所や医療機関、カウンセラーと連携しながら必要な支援を行っている。そして、就労、就学、療養など当面の目標を定め、社会の中で暮らす次の場所を見つけて、子どもシェルターを旅立っていく。子どもシェルターにおける入所期間は、早くて数日程度、長くて二か月程度である。

子どもシェルターの運営には多大な費用が必要なところ、行政からの委託費だけでは足りず、皆様からのご支援で支えられている。ボランティアとして参加していただく、会員になっていただく、物品等を提供していただく等、是非ともご支援を賜りたい。

一〇　子ども支援の輪を

子どもは、未来を担う「社会の宝」であり、無限の可能性がある。子どもは、成長の途中にあり、成長発達する権利を持っている。そして、大人には、子どもの成長発達を支える責任がある。子どもが、周りの大人たちに支えられることなしに自分一人で生きていくことは、とても難しいことである。周りの大人たちから適切な保護と援助を受けることなしには、子どもが持っている力や可能性を伸ばすことはできない。

今こそ、大人が子どもを支援するための大きな輪を作り、輪の中心にいる子ども一人ひとりが明るい未来を迎えることができるよう、取り組まなければならない。

労働者に関する法と手続

～よりよい労働紛争の解決システムを考える～

上江洲　純　子

上江洲　純子・うえず　じゅんこ
所属：法学部　地域行政学科　准教授
主要学歴：筑波大学大学院社会科学研究科後期博士課程退学
学位：修士（法学）
公職歴：沖縄県労働委員会公益委員など
主要論文及び主要著書：「労働債権の保護に関する倒産手続間格差再考」沖縄法学三四号（二〇〇五）、「沖縄における企業倒産の現状と課題」沖縄法政研究一〇号（二〇〇八）、「沖縄における民事再生事例の特徴と論点」事業再生と債権管理一二七号（二〇一〇）、「所有権留保と民事再生」平成二二年度重要判例解説（ジュリスト臨時増刊一四二〇号）（二〇一一）、「再建型倒産手続における労働者の処遇」東京弁護士会倒産法部編『倒産法改正展望』（二〇一二）、「再生手続の機関・費用」山本和彦＝山本研編『民事再生の実証正的研究』（二〇一四）、「倒産手続における留保所有権の処遇」私法判例リマークス55号（二〇一七）など

※役職肩書等は講座開催当時

一　はじめに

日本における現在の労働力人口は二〇一六年平均で六、六四八万人[(1)]いるといわれているが、今後は日本の総人口が減少に転じることもあり、このままの状況で推移すると、労働力人口は二〇三〇年には五、八〇〇万人まで減少すると見込まれている。[(2)]

こうした確実に訪れる労働力不足に備えることが日本にとって喫緊の課題であるものの、その一方で、日本の労働者は多くの法的問題に直面していると見られ、近年、労働関係紛争は、労働審判制度導入以来大きく増加している。裁判所が関与した個別の労働関係紛争の件数も、平成二八年には約八、〇〇〇件と、一〇年前と比べ約二・五倍にも増加した。[(3)]

もちろん国は、これらへの対応として様々な政策や施策を打ち出しており、日本再興戦略改訂二〇一五・二〇一六においては、「働き方改革の実行」や「予見性の高い紛争解決システムの構築」が謳われている。しかしながら、これらの施策により、労働者の抱える問題が真に解消され、労働紛争の減少へと繋がるかどうかについては未知数と言わざるを得ない。

そこで、本稿においては、国の打ち出した施策を概観した後、裁判所や行政機関等が担ってきた既存の労働紛争の解決システムを検証した上で、これからの解決システムの方向性を検討し、今後の労働紛争解決システムの在り方について探っていくことを試みたい。

二　働き方改革

国は、働き方改革を実現するため、二〇一六年九月に働き方改革実現会議を設置し、同一労働同一賃金や長時間労働の上限規制の実現等について様々な議論を重ねた。その結果、一〇回の会合を経て、二〇一七年三月二八日に取りまとめられたのが「働き方改革実行計画(以下、「実行計画」という。)」である。

1　実行計画の概要と非正規雇用の処遇改善

実行計画においては、九つの分野に関して一九項目もの対応策が示され、それらを確実に推進していくためのロードマップも策定されており、そこでは、二〇一七年度から二〇二六年度までの一〇年間の施策体系が示されている。

中でも最も重要な施策の一つといえるのが非正規雇用の処遇改善策であろう。その実現に向けた具体的な対応施策の二本柱が、「同一労働同一賃金の実現」と「非正規雇用労働者の正社員化の推進」である。

それでは、なぜ非正規雇用の処遇改善が必要なのであろうか。

現在、日本においては、非正規雇用労働者数が全労働者の四割を占めている状況にある。特に、女性は、結婚・出産・子育てなどを理由に正規雇用を離れた後、三〇代後半に再び働き始める際には自ら非正規雇用を選択しているケースが多く、そのため、非正規雇用労働者の七割は女性が占めている。加えて、年代別に見ると、一五歳から二四歳の若年層については、非正規雇用労働者の割合が三割を超えている。今後、労働力人口が減少していく中で労働生産性を向上させていくには、労働者、特にこれからの労働力不足を補うことに期待のかかる女性や若年層の働くモチベーションを誘引していくことが肝要であり、その方策として、正規雇用と非正規雇用の理由なき格差を埋めていくことや、非正規雇用の正社員化を図ることは重要な施策といえる。

さらに、潜在的な労働力を活用することができれば、日本においても労働力をなお維持できる可能性が残されている。例えば二〇一六年は、非労働力人口に数えられる者のうち、約一割に当たる三八〇万人が就業希望者であるといい、これらを全て労働力人口に置き換えることができれば労働力不足の改善にも繋がる。その鍵を握るのは、ここでもやはり女性と若年世代である。非労働力人口のうち女性の就業希望者数は、男性の就業希望者数の二倍にのぼるほか、年代別で見ると、特に男性の場合は、一五歳から二四歳の若年層の就業希望者の割合が他の年代と比べても高くなっている。そうすると、非正規雇用労働者の処遇改善は、こうした潜在的な労働者に対する労働力の掘り起こしにも繋がっていく可能性がある。

2　同一労働同一賃金の実現と労働紛争解決システムの充実

このように、将来の労働力として期待できる女性や若年世代を確実に取り込むためにも、実行計画においてまず打ち出されたのが、「同一労働同一賃金の実現」である。そもそも、同一労働同一賃金を導入する目的は、労働者がその仕事ぶりや能力を適正に評価され、意欲をもって働けるよう、同一企業における正規雇用労働者と非正規雇用労働者の間の不合理な待遇差を解消し、雇用形態にかかわらず均等・均衡待遇を確保することにある。国は、最終的には「非正規」という言葉も一掃していくことを目指しているのである。

ただし、何が不合理な待遇差なのかについては、その境界が曖昧であったため、実行計画では、「同一労働同一賃金のガイドライン案（以下、「ガイドライン案」という。）が策定され、そこには、正規雇用労働者と非正規雇用労働者との間で待遇差が存在する場合に、いかなる待遇差が不合理なものであり、いかなる待遇差が不合理なものでないのかの典型例が具体的に示されている。さらに国は、これにとどまらず、当該ガイドライン案を踏まえて、不合理な待遇差の是正を求める労働者が裁判で争えるよう、その根拠となる法律も整備していくとしている。このように、国は、同一労働同一賃金の実現の過程で、労働者から使用者に対して不合理な待遇差の是正を求める労働紛争が発生しうることを既に認識しているのである。

それに加えて、実行計画では、労働者が労働審判や労働訴訟を利用することになった場合に伴う経済的負担にも配慮して、裁判外の紛争解決システム（ADR）、中でも、行政型のADRを整備して、均等・均衡待遇を求める当事者が、これを、無料で利用できるようにすることも盛り込まれており、労働紛争解決システムの充実を図ることが予定されている。

3　非正規雇用労働者の正社員化と労働紛争の増加

さらに、非正規雇用労働者の処遇改善のもう一つの柱である「非正規雇用労働者の正社員化」に関しても、正社員化の端緒となる無期転換ルールが二〇一八年度より本格的に適用される予定であり、そのルールの運用を巡る労働紛争が発生する可能性は否定できない。現に、無期転換ルールの導入に伴う就業規則等の変更に関する紛争が生じ、訴訟が提起されるケースは既に散見される状況にある。

確かに、働き方改革は非正規雇用労働者の処遇改善を促進させ、最終的には、日本から非正規と言う言葉を一掃する画期的な効果を生み出す可能性はあるものの、その実現の過程では、これまで以上に労働紛争が発生するおそれも否定できない。

それでは、労働者の不合理な待遇の是正や無期転換ルールの適用を巡って労働紛争が生じたときに、既存の労働紛争解決システムは果たして適切に機能するのであろうか。

三　既存の労働紛争解決システムの概要

そこで、ここからは、既存の労働紛争の解決システムの状況を見ていくことにしたい。

まず、既存の労働紛争解決システムは、その担い手毎に、裁判所が行う司法型、労働局や労働委員会等の行政機関による行政型、国の認証を受けた民間の機関が提供する民間型の手続がそれぞれ存在する。それらの特徴をまとめたのが表1である。

そのうち国民に最も認知されているのは、司法型の手続にあたる裁判所が行う労働訴訟や労働審判であろう。特に、労働審判は、長期化する労働訴訟の課題を改善し、迅速処理を旨として誕生した手続であることから、労働審判法が施行された二〇〇六年以降、その利用件数を大きく伸ばしている。

また、日本においては、行政機関が提供する労働紛争解決システムも大きな役割を果たしてきた。一つは、従来から集団的な労働紛争の解決の役割を担い、現在は個別の労働紛争の解決にも携わっている労働委員会の提供するあっせん等の制度であり、もう一つは、個別の労働紛争の解決にあたる労働局による労働相談やあっせん等の制度である。これらは、個別労働関係紛争の解決の促進に関する法律に基づき提供されるもので、司法型の手続同様、信頼性の高い手続きと言えよう。

加えて、近年では、民間の機関が提供する裁判外の紛争解決システム、いわゆる民間型のADRも存在し、労働紛争については、弁護士会や社会保険労務士会などによりあっせん等が行われているという。社会保険労務士会や弁護士会等が運営する解決機関については、いわゆるADR法に基づき国の認証を受けており、あっせん等の手続には専門家の関与も期待できることから、手続に対する信頼性も高く、費用も裁判所を利用するよりは低廉であると言われている。ただし、認知度の観点から利用率は伸び悩んでおり、表1を見れば分かるように解決率も高いとは言えない。

さらに、労働者の所属する企業が労働紛争に対応する機関を設けていれば、それもまた一つの労働紛争解決システムである。確かに、自身の所属する企業が相談窓口や苦情処理の委員会を設置してくれれば、労働者にとっては大変心強く、上手く機能すれば、最も利用しやすいシステムとなりうる。そもそも、個別の労働紛争は労働者と使用者との間で自主的解決が図られるべき問題といえる。しかしながら、実際には、法令の根拠がないため、使用者である企業には、このような自主的紛争解決のシステム設置が義務づけられているわけではなく、相談への対応手続に関する統一ルールも存在しているわけではない。現に、労働者からの苦情処理のための機関を設置している事業所は全事業所の約半数といわれ、持ち込まれた紛争の解決率も約二割に留まっていることから、労働者にとっては満足度の高い解決システムにはなっていないようである。

このように、日本においては複数の労働紛争解決システムが稼働している状況にある。それでは、このように複数のシステムが存在している理由は何か。それは、どのシステムに紛争の解決を委ねるべきかについては、結局、これを利用する労働者や使用者の選択に任せることにしているからである。

【表1】各機関における労働紛争解決システムの特徴

手続主体		根拠法令	費用	体制	参加の強制	平均処理期間	解決率	当事者の合意の効力
民間	企業内解決	—	—	相談窓口・苦情処理委員会	—	—	20.10%	—
	民間団体（社労士会・弁護士会等）	ＡＤＲ法（裁判外紛争解決法）	無料・有料	社労士会は社会保険労務士があっせん員	×	—	社労士会 38.90%	民法上の和解の効力
行政	労働局	個別労働紛争解決促進法	無料	紛争調整委員会（弁護士・大学教員・社会保険労務士など）	×	1.6月	41.20%	民法上の和解の効力
	労働委員会	個別労働紛争解決促進法	無料	公益委員・労働者委員・使用者委員があっせん員	×	1.5月	46.20%	民法上の和解の効力
司法	労働審判	労働審判法	有料	労働審判委員会（審判官（裁判官）1人・審判員2人）	○	2.6月	81.40%	裁判上の和解と同一の効力
	民事訴訟（労働訴訟）	民事訴訟法	有料	裁判官	○	14.3月	—	裁判上の和解の効力

出典：中央労働委員会統計資料「各機関における個別労働紛争処理制度の運用状況」及び「第9回透明かつ公正な労働紛争解決システム等の在り方に関する検討会資料」をもとに作成。

四　労働局・労働委員会によるあっせん・労働審判の特徴

そこで、ここからは労働者や使用者がそのニーズに相応しい手続を選択するための手がかりとして、既存の労働紛争解決システムのうち、利用率の高い手続である労働局・労働委員会によるあっせん、労働審判の特徴や違いを取り上げていく。

1　各システムの共通点

それぞれの機関が提供する手続の概要を表1も踏まえながら確認すると、いずれの手続も、労働紛争に関して専門的な知識や経験を有する第三者の力を借りて、労働者と使用者の話し合いによる解決を目指すものであるという共通点がある。

第三者機関としては、労働局あっせんの場合は労働問題に精通した弁護士や大学教員等が紛争調整委員会を構成し、労働委員会あっせんの場合は弁護士や大学教員等の公益委員、使用者委員、労働者委員が三者構成であっせん員を務め、労働審判の場合も、裁判官、使用者委員、労働者委員の三者構成で労働審判委員会を設置し、労働紛争に介入、手続を進行し、それぞれ必要に応じて、あっせんの場合はあっせん案を提示、労働審判の場合は調停を試みて、当事者があっせん案の受諾や当事者合意に達すれば、その内容で手続が終了となる。またその逆に、当事者が合意に達しない場合や、合意に達しないと見込まれる場合は、手続を打ち切る場合もある。さらに、労働審判の場合は、調停によっても当事者が合意に達しないときには、当該紛争の解決策を決定の形式で示す審判を行うことになる。

このように、三者いずれの手続を活用しても専門家による援助が得られる点は共通している。

2　各システムの利用件数・処理期間・解決率の特徴

それでは、何を手続選択の材料とすればよいのか。ここからは、統計値等も踏まえて分析していくことにする。

まず、手続の利用件数については、表2を見れば分かるように、労働局が行うあっせんの利用が常に最も多くなっている。なぜ労働局あっせんの利用が突出して多いのか。その理由としては、労働局が労働相談の総合窓口である総合相談コーナーを置いていることを挙げることができよう。労働局は、その窓口において、労働問題に関するあらゆる分野の相談を受け付けており、その相談件数は年間一〇〇万件を超えるという。まずは誰かに相談したいという労働者にとっては、労働局は非常に身近な存在といえる。そして、その労働相談の過程で、あっせんという解決システムを知る労働者も多く、それにより、労働局によるあっせんは、他の機関の手続よりも利用率が高くなっている。

これに対して、労働委員会によるあっせんが極端に少ないのは、その認知度の問題であろう。両者はそれぞれ各都道府県に一つずつ配置され、同一の法律に基づいてあっせん手続を行い、その費用も無料で利用できるという点では、共通しているものの、労働委員会は、本来集団的労働紛争の解決のために誕生した経緯があることから、労働者には労働委員会が個別の労働紛争に対応する機関であるとの認識が薄いことに加え、労働組合に加入していない労働者が多数を占める今日では、そもそも地方自治体（都道府県）に労働委員会という機関が存在することさえ認知していない労働者が増加しており、それが利用率の圧倒的な差に繋がっていると思われる。

次に、手続の処理期間について見ていくと、図2において示されているとおり、労働局あっせんは、四五・二％が一か月以内で終了しており、一か月を超える場合でも四四・九％が二か月以内に終了していることから、手続の九割が二か月以内に終結している状況が見てとれる。これに対して、労働委員会あっせんも、手続の八割が二か月以内終結を達成しているものの、その内訳をみると、一か月超二か月以内終了（四四・八％）が、一か月以内終了（三六・六％）の割合に比べて高くなっている。さらに、労働審判の場合は、二か月超の手続が六七・二％を占めており、一か月以内に終結できるのは二・八％程しかないのが現状である。

したがって、最も迅速に処理されている手続は、労働局によるあっせんとなる。なお、迅速処理が実現できているのは、あっせん期日の開催件数も関係していると思われる。労働局あっせんは一回の期日で終了することを通例としているのに対して、労働審判の場合は原則三回以内の期日終了を目指して、基本的に複数回開催することが予定されている。これを踏まえても、労働局あっせんは簡易迅速性を徹底させた労働紛争解決システムであると捉えることができよう。

それでは、手続の解決率はどうか。この場合も、利用件数が多く、手続の処理期間が短い労働局によるあっせんの解決率が他の手続に比べて高いかというと、実はそうではない。三者のうち、最も解決率が高いのは、図2のとおり、労働審判である。次に労働委員会と続き、最後が労働局の順となっており、その序列は変わっていない。これにより、一回期日による簡易迅速処理の労働局あっせんの多くが、当事者が合意に達することができずに打ち切られている状況にあることが見てとれる。

また、労働審判は、当事者の合意に裁判上の和解と同一の効力が付与されることに加え、当事者が合意に至らない場合でも、審判を通して労働紛争に対する一定の判定を示すことができるこという司法型の手続の特徴が、解決率の高さにも繋がっていると思われる。

ここで留意すべきは、労働委員会の解決率である。図2によれば、二〇〇六年度には六〇％を超えていた解決率が、二〇一五年度には四六・二％まで落ち込んでいる。利用件数が横ばいで推移する中で解決率が徐々に降下している理由の一つとしては、労働委員会あっせんに持ち込まれるルートの影響もあると思われる。すなわち、労働局あっせんで不調に終わった当事者が、さらに労働委員会あっせんを利用するケースの存在である。特に、労働者にとっては、労働局あっせんで思うような成果が得られなかった場合に、直ぐに手続費用や書面準備等の負担が大きい労働審判や労働訴訟といった司法型の手続を利用するのは心理的なハードルも高くなると思われる。これに対して、労働局と同様、無料で専門家の援助を受けられる労働委員会あっせんであれば、労働局あっせんと

【表2】各機関における手続の新受件数

年度	労働委員会あっせん	労働局あっせん	労働審判
2011	393	6,510	3,721
2012	338	6,047	3,660
2013	376	5,712	3,627
2014	319	5,010	3,496
2015	343	4,775	3,713

(注) あっせんを行う労働委員会は、2003年度以降、44道府県。
東京都、兵庫県、福岡県では、あっせんを行っていない。

出典：中央労働委員会統計資料「各機関における個別労働紛争処理制度の運用状況」

【図1】各機関における手続の処理期間の比較

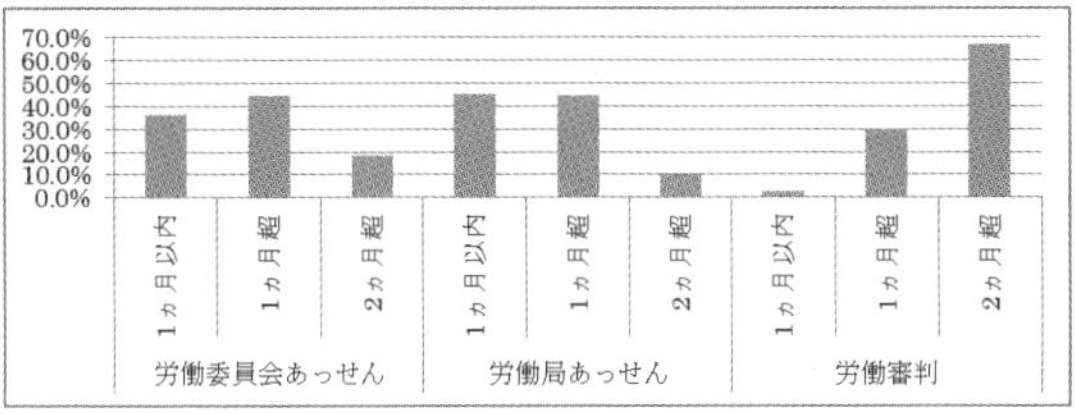

出典：中央労働委員会統計資料「各機関における個別労働紛争処理制度の運用状況」を元に作成

【図2】各機関における手続の解決率の推移

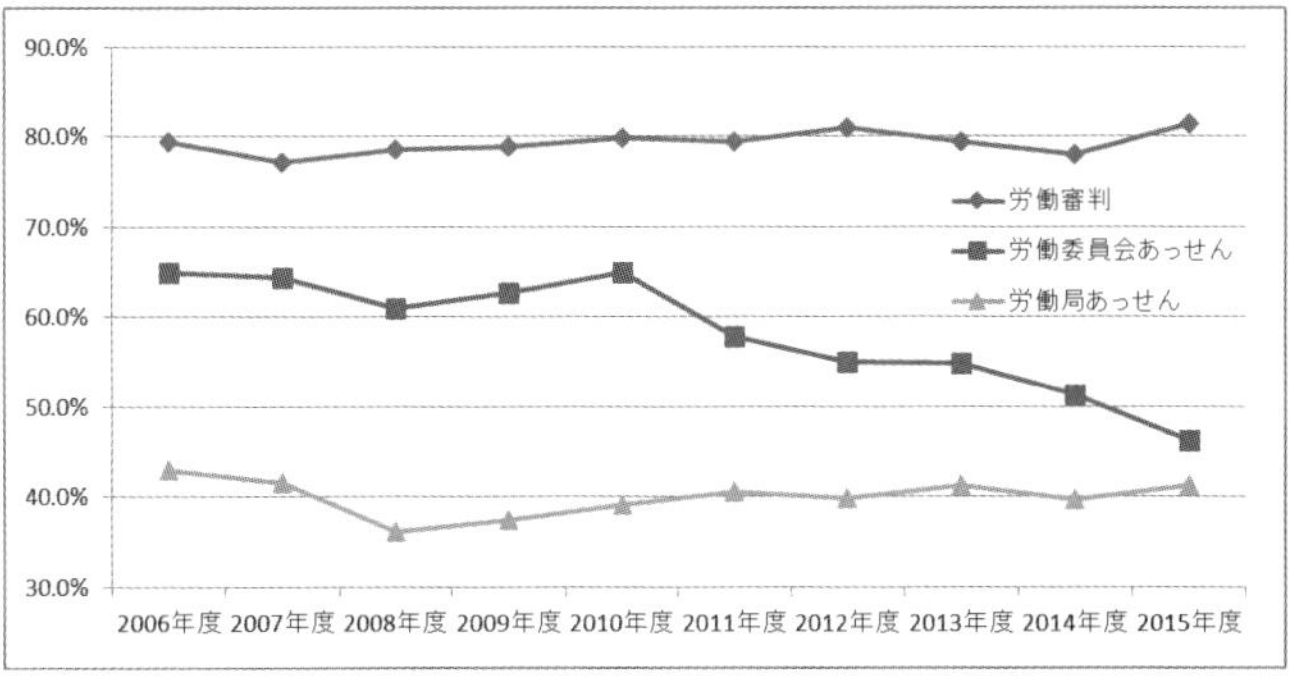

出典：中央労働委員会統計資料「各機関における個別労働紛争処理制度の運用状況」を元に作成

基本的には同様の手続で進められることもあり、あっせんの再チャレンジの場としても機能する可能性が高い。

そうすると、労働問題に直面した労働者が労働紛争の解決を求めて、これら三者の手続を活用する場合には、まずは、労働局の総合労働相談を経て、労働局あっせんを利用し、それが不調に終わった場合は、引き続き当事者間の話し合いを求めたいケースについては、労働委員会あっせんを申請し、そこでも解決せずに最終的な紛争の解決を求めたい当事者については、労働審判を申し立てる、との順序で一般的には活用されていると思われる。

3　扱う労働紛争の内容

ところで、それぞれの機関が扱う労働紛争の内容に何か特徴はあるのだろうか。

図3を参考に、労働審判が扱う主な労働紛争の内容から見ていくと、扱う紛争の中身は、解雇・雇止め等の労働者の地位に関するものと賃金・手当・退職金等の金銭の支払いに関するもので、そのほとんどを占めている（八八・一％）。その内容から、労働審判に持ち込まれるケースは、司法型の手続というだけあって権利関係の審理に重きを置いていることが分かる。手続の書面準備の手間や、処理期間の長さに加え、手続費用の点からも負担が大きい労働審判の利用を求める理由は、権利関係の整理を主目的としていることにあろう。

この点については、労働局あっせんも同様に、解雇・雇止め等が四六・四％と、実に五割近くが

【図3】各機関における労働紛争の内容

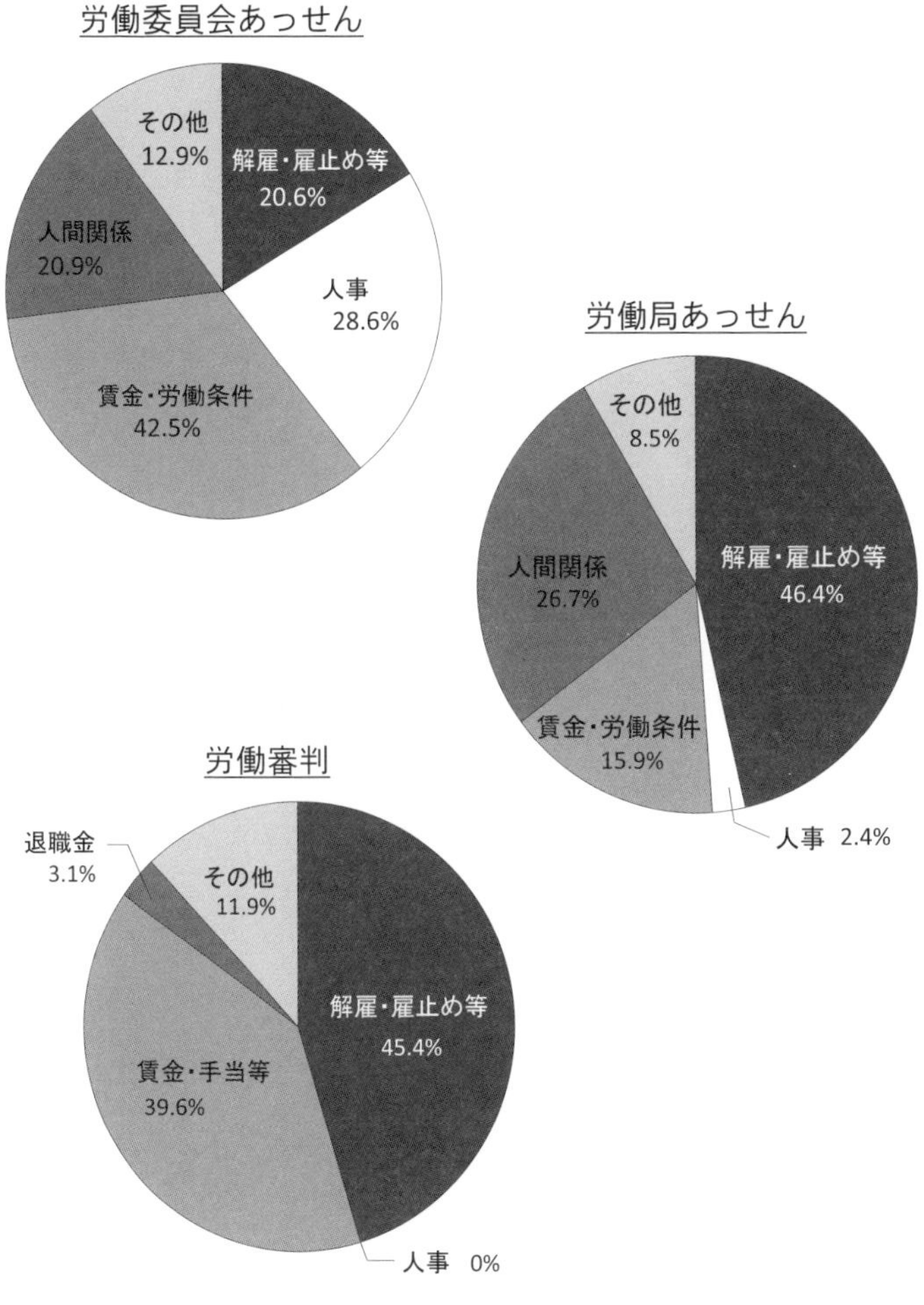

出典：「第9回透明かつ公正な労働紛争解決システム等の在り方に関する検討会資料」を元に作成

労働者の地位に関する紛争となっている。この場合、簡易迅速処理を徹底させている労働局あっせんが活用されているのは、費用も時間もかけられない状況にある非正規雇用労働者であっても直ぐに利用することが可能な手続だからであろう。これにより、労働局あっせんが、解雇や雇止めを受けた非正規労働者にとって駆け込み寺のような機能も果たしていることが見てとれる。

これに対して、労働委員会あっせんは、利用件数は少ないものの、取り扱う労働紛争の内容はバラエティに富んでおり、解雇・雇止めのほか、人事や賃金・労働条件、そして人間関係まで、幅広い問題に対処しているようである。

このように、労働局あっせん、労働委員会あっせん、労働審判はそれぞれある程度の棲み分けができていると評価でき、これらの利用を希望する者が、そのニーズや置かれている状況に合わせて手続を選択することが可能となっている。

五　既存の労働紛争解決システムの評価と改善点

これらの既存の労働紛争解決システムについては、二〇一三年以降、特に予見性の観点から、その在り方について議論が行われ、日本再興戦略改訂二〇一五において、労働紛争解決システムの構築に向けて検討を進めることとされたのは、前述した通りである。

これを受けて、厚生労働省は、二〇一五年に「透明かつ公正な労働紛争解決システム等の在り方に関する検討会（以下「検討会」という。）」を設置し、その中で、既存の労働紛争解決システムの改善に関する議論も行われた。

そこで以下では、二〇一七年五月に、検討会の議論の成果として取りまとめられた報告書において指摘されている既存の労働紛争解決システムに対する評価と改善の方向性について整理していくことにしたい。

1　各システムに対する評価

まず、労働局によるあっせん等については、労働紛争の最大の受け皿となっており、一定の機能を果たしていることが評価されている一方で、簡易・迅速という特性を活かしながら、他の解決システムとの違いも踏まえつつ、更に身近で利用しやすい仕組みにしていくことが必要であるとの指摘がなされている。

次に、労働委員会によるあっせん等については、地域の実情に即した対応がなされ、労働局における解決システムに比べて時間をかけた丁寧な処理ができることが利点として挙げられているものの、認知度の低さが課題として指摘されている。

この点については、当該公開講座の受講者からも確認することができた。受講者に確認したところによれば、労働局の労働相談コーナーや裁判所の実施する労働審判に対してはその存在を知る者が多かったものの、都道府県に設置される労働委員会については、その存在のみならず、労働局と区別がついていない受講者も多かった。確かに、労働委員会の主な役割は、労働組合と使用者の集団的労働紛争の解決にあり、それを踏まえれば、労働組合に所属していない非組合員労働者が労働委員会を認知していないのは当然といえなくもない。しかし、近年はそもそも集団的労働紛争が減少しており、むしろ個別の労働紛争に対する解決ニーズが高まっている。その上、近年では、集団的労働紛争の形式をとっていても、実質的には個別労働紛争の解決を求めるケースも増えているという。そういう状況の下では、労働組合に加入していない労働者に対して労働委員会の認知度を上げる工夫は必要となろう。

そして、裁判所の行う労働審判については、着実な利用により、制度として有効に機能していることが評価されているものの、解雇をめぐる労働紛争を最終的に金銭、すなわち解決金の支払いによって解決を図る際に、解決金額に関するデータが対外的に公表されていないため、利用者にとっては予見可能性が低いという課題があるとの指摘がある。

さらに検討会報告書では、これらの労働紛争の解決システムについては、それぞれ一定の利用が進んでいることを評価する一方で、各解決システムの連携が制度的に担保されていないことから、どのシステムを利用したら良いのか分かりにくいという指摘もなされている。

2　各システムの改善の方向性

既存のシステムに対するこれらの評価を踏まえて、検討会報告書は、以下の通り、各解決システムの改善の方向性についても提示している。

まず、労働局あっせん等がより納得の得られる解決を促す方策として、あっせんの参加率向上のために、あっせん参加のメリット等の説明を行うなどの取り組みとともに、参加の任意性の見直しの必要性についても検討することが必要であることが示されている。さらに、雇用終了に関する労働紛争のあっせんの場合は、二か月以内にほとんどの事案が処理されていることや、金銭支払いにより解決されていくものが多いもののどの程度の金額で解決が図られているかということが利用者には情報として提供されている訳ではないことから、これらのデータを公表していくことが、金銭的・時間的予見可能性を高める方策として重要であるとされている。

また、労働委員会によるあっせんについては、地域の実情に応じて取り組みを進めることが適当であるほか、一層の周知広報の実施により認知度の向上を図ること、他地域の労働委員会と解決事例の情報を共有することで、より納得の得られる解決を促すことができると指摘されている。

これに対して、労働審判については、より使いやすいものにする工夫や労働審判員の専門性の確保が必要との指摘があり、そのためには、期日のための書類準備の負担軽減や労働審判員の能力や適性による登用の推進が重要であるとされている。そして、労働審判事件の多くは金銭の支払いによる解決にもかかわらず、解決金額は個別の事件毎に異なるので、予見可能性が高いとは言えない。そのため、労働審判における解決金データを分かりやすく提示するため、その収集方法等も含めて検討することが必要であると指摘されている。

その上で、検討会報告書においては、それぞれの労働紛争解決システムの連携の鍵は、労働局における情報提供にあることが示されている。その理由は、労働紛争に直面した労働者や使用者が最初に頼るのが労働局であり、そこでの情報提供が、新たな解決システムの利用に繋がっているからである。したがって、労働局は、労働紛争の内容や当事者が求める解決方法などに応じて、どのような制度が活用可能かに関して情報を提供すべきであり、労働局あっせんの打ち切りの際には、更に効果的な情報提供の方法を検討しなければならないとされ、手続を打ち切るときには、司法型の手続のみならず、無料で、より丁寧な対応が期待できる労働委員会の手続に関する情報提供を行うことも重要であるとされている。

なお、それぞれの紛争解決システムのさらなる連携強化については、イギリスやドイツのように、あっせんや和解の試みを義務づける制度を構築することも可能ではあるが、現時点で導入する意義は大きくないとされ、引き続き検討することとされている。

このように、既存の労働紛争解決システムについては、利用者に対してより適切な情報提供を行うことにより認知度を上げ、それぞれの解決システムの特性に応じた処理を行い、さらに解決システム間が互いに連携を図ることによって、より納得の得られる解決システムとして、利用者に支持される制度となることが期待されており、その状況は、働き方改革を実施していく過程でも変わらないものと思われる。

六　解雇無効時における金銭救済制度

ところで、検討会報告書は、既存の労働紛争解決システムの課題の一つとして、解雇を巡る労働紛争の際の金銭解決に関する予見可能性を挙げており、課題解消に向けて、新たな金銭救済制度の必要性についても検討を加えている。

現在、解雇を巡る労働紛争に関しては、地位確認の労働訴訟等で解雇無効の判決が下された場合でも、職場復帰を望まず、退職する労働者が一定数存在し、労働局あっせんや労働審判等の既存の労働解決システムにおいても、多くのケースで金銭による解決が図られる実態があるという。加えて、労働者自身が、解雇無効の地位確認訴訟に代えて、解雇を不法行為とする損害賠償訴訟に訴え、それが認められる例も出てきているという。

しかしながら、現在の状況では、金銭の支払い基準が明確ではなく、それぞれの解決システムに判断も委ねられているため、労働者及び使用者双方にとって予見可能性が高いとは言い難い。そこで、検討会では、労働者が納得のいく解決を図ることができるような金銭救済制度の在り方を、その必要性も含めて検討している。なお、その中では、新たな制度の構築だけではなく、既存の労働紛争解決システムの活用も念頭に置かれており、現行制度にマイナスの影響を与えないようにする工夫の検討もなされている。

そうすると、解雇を巡る労働紛争に関して、今後検討が進んでいけば、既存の労働紛争解決システムにおいても、金銭による解決のニーズがより高まることが予想される。

七　おわりに　――今後の方向性

今後、実行計画に基づき働き方改革が着実に推進され、労働者の処遇の改善や多様な働き方が実現すれば、それによる労働者の労働意欲の高まりや労働生産性の向上に対する期待はますます高まっていくであろう。しかし、その一方で、改革推進の過程においては、労働紛争が減るどころか、むしろ増加することが予想され、さらには、前述したような新たな労働紛争、不合理な待遇差の是正を求める労働紛争、無期転換ルールの適用を巡る労働紛争、そして将来的には解雇無効時等における金銭解決を求める労働紛争の発生も見込まれている。

その中で、労働紛争の当事者である労働者及び使用者に対してより満足度の高い解決を提供するためにも、既存の労働紛争解決システムを、今後発生する労働紛争の解決ニーズに即して改善していかなければならない。

特に、労働局の提供する総合労働相談は、全ての労働紛争解決システムの入り口と言え、そこで、労働者や使用者のニーズに合った労働紛争解決システムを紹介し、当事者に対して適切な道筋を示すことができれば、その分紛争解決システムの利用者の満足度も自ずと高まっていくであろう。

また、労働局あっせんは、迅速性を重視する当事者に適しており、今後、解雇無効時における金銭救済制度が導入されて、それにより金銭支払基準が明確になっていけば、予見可能性も高まることから、今後は解雇等の労働者の地位を巡る労働紛争に係る金銭解決を求めるケースにより相応しい手続へと生まれ変わっていく可能性が高い。

加えて、労働委員会が提供する手続に関しても、今後増加が見込まれるような労働条件を巡る労働紛争、例えば、不合理な待遇差の是正や無期転換ルールの適用を求めるなどの紛争について利用のニーズが高まることが予想される。なぜなら、労働委員会は、当事者から時間をかけて聴取を行うことも可能であり、公益委員・使用者委員・労働者委員の三者構成による丁寧な対応が特徴だからである。従来から、労働条件のみならず人事や人間関係についても幅広く取り扱っており、その点で、新たに生じうる労働条件に関する紛争の解決に向けても、その効果を発揮することが期待される。こうした資源を有効活用するためにも、労働委員会の認知度アップは必要な取り組みといえよう。

実行計画や検討会報告書においては、新たな労働紛争解決システムの必要性についても検討が進められることになっているが、それにより、既存の労働紛争解決システムが不要になるわけではなく、増加が予想される労働紛争への対応機関として、ますます存在意義が高まっていくものと思われる。これからの改善により当事者の納得性をどこまで高められるかが、今後の課題といえよう。

注

(1) 総務省統計局「平成二八年労働力年報」(二〇一七)

(2) 労働政策研究・研修機構「二〇一五年度労働力需給の推計」(二〇一六)

(3) 最高裁判所「労働関係民事・行政事件の概況」

外国軍事基地の国際法と人権

新倉　修

新倉　修・にいくら　おさむ

一九四九年、東京生まれ

一九七二年、早稲田大学法学部卒業、一九七八年、同大学大学院法学研究科博士後期課程単位修得退学、一九八二〜一九八四年、フランス、パリ第一大学に留学

國學院大學教授を経て、二〇〇一年から青山学院大学法学部教授、二〇〇四年、同大学大学院法務研究科教授、二〇一七年三月、青山学院大学を退職し同大学名誉教授

二〇〇〇年九月に弁護士登録、日本学術会議連携委員、日本国際法律家協会会長、国際民主法律家協会事務局長などを歴任。

共著『沖縄米軍基地法の現在』一粒社（二〇〇〇年）、『IADL沖縄調査団報告書』（一九九六年）、「国際法律家運動と日本国憲法」『改憲・改革と法——自由・平等・民主主義が支える社会をめざして』（二〇〇八年）、『9条は生かせる——世界の法律家は訴える』日本評論社（二〇〇九年）、「憲法9条を世界に生かす」日本科学者会議編『憲法と現実政治』本の泉社（二〇一〇年）、「法律家の国際連帯と平和への権利」『民主主義法学と研究者の使命』日本評論社（二〇一五年）、「核兵器はどう裁かれたか」世界一九九六年一〇月号、「共謀罪は条約加入に必要か」世界二〇一七年六月号

※役職肩書等は講座開催当時

一　はじめに——ビッグニュース

本年（二〇一七年）七月七日に国連は、核兵器禁止条約を採択した。国連加盟国のうち一二二カ国が賛成し、反対は一カ国という布陣であった。もっとも核兵器保有国九カ国を含む三〇カ国は、核兵器禁止条約を交渉する国連会議そのものの開催にも反対という立場を取っており、先行きに困難が予想されているものの、これからは、七月七日は「核兵器禁止の日」と呼ぶのがふさわしい。今や世界は核兵器禁止条約を認めるか、認めないかによって二分されるといっても過言ではない。条約によれば、核兵器は使ってはいけない、つくってはいけない、配備してはいけない、実験してはいけないという包括的な禁止の対象となる。しかし正確に言えば、条約として形をなすには、国連総会決議は不可欠の案件ではないが、これを批准した国が所定の数に達して初めて発効するという道筋をたどる必要がさらにある。また、締約国にしか法的拘束力が及ばないという国際法の約束事によれば、核保有国がこの条約に参加する可能性が乏しいという現実に照らすと、条約としての意味が薄いという意見もある。しかしいずれにしても、「悪魔の兵器」とか「究極の兵器」と呼ばれる最強の大量破壊兵器が、実戦で使われてから七二年目にして初めて、国際条約の明文で禁止されたことの意義は大きい。

とりわけ最近では、北朝鮮（朝鮮民主主義人民共和国）による六度に及ぶ核兵器の実験とそのキャリアーになりうるミサイルの実験を通じて、九番目の核保有国の動向が大きく取り上げられて、軍事的な抑止力の強化が叫ばれ、大規模な軍事演習やミサイルの迎撃態勢の強化とそのための軍備の増強が半ば当然視され、それに伴って、外国軍事基地（とりわけ一九四五年以来、維持・強化されてきている米軍基地）の存続が疑問視されない状況にいまいちど冷静な分析が必要となっていることは、否定できない。

さて、私から見て、沖縄で外国軍事基地を考えると、外せない話題がある。それは、つい先頃惜しくも亡くなられた芳澤弘明弁護士が書かれた『海と大地を守れ――沖縄・平和の願いは燃えて』（あけぼの出版）という本である。一九九五年九月四日、あの忌まわしい少女暴行事件があって、北京での世界女性会議から帰ってきた沖縄の女性たちは、怒った。怒りはあっという間に広がり、犯人の米兵三名の裁判を求めるだけでなく、日米安保条約に基づき駐留米軍の地位協定の改訂を求める県民集会が開かれた。私は、その年の一一月に東京の弁護士らと急遽、調査団を編成して、初めて沖縄を訪れ、その後、一二月にパリで開かれた国際民主法律家協会（IADL）の役員会に参加し、アメリカの弁護士で、IADLのニューヨーク国連本部代表を務めるレノックス・S・ハインズさんに国際調査団の派遣を依頼した。翌年二月、約束通り、ハインズ弁護士は単身、来日して、まず横田基地を視察し、その後で、国際法律家調査団の団長として、沖縄に乗り込んだ。嘉数台地の展望台で、普天間基地の全景を眺めているときに、突然、基地から米兵が数名、展望台にやってきた。ハインズ団長が対応すると、おとなしく引き上げたが、私はゾッとする思いがした。彼らが展望台にやって来たのは、決して偶然ではない。むしろ素直に考えれば、基地から展望台の様子をうかがっていて、誰が基地を観察しているのかを調べに来たというのが、真相である。

この沖縄国際法律家調査団が調査結果をまとめた報告書（日本国際法律家協会『沖縄調査報告書Okinawa Report 1996: IADL Fact-Finding Mission to Okinawa』INTERJURIST No. 107, 1996）は、日本語と英語で作成され、一九九六年四月に南アフリカ共和国、ケープタウンで開かれたIADL第一四回大会で披露された。その後、九月に第一回訪米要請団（団長・榎本正行弁護士＝横田基地騒音訴訟弁護団長）に託されて、国連本部、国務省、国防総省、連邦上院・下院の担当委員会に提出された。沖縄からは、芳澤弘明弁護士と反戦地主の島袋善祐さん、高校教諭の大西照雄さんが参加した。国連本部では、IADLのニューヨーク代表であるハインズ弁護士の仲介で、国連事務総長に次ぐ地位にあり、この種の問題を専門に担当する事務次長に会見することができた。しかし米軍基地の問題に国連でも取り組むように要請したところ、返答はつれなかった。つまり、二国間条約で米軍基地の受入れが合意されている以上、問題があれば、まず二国間で協議するしかないと諭されたわけであった。そこで、ベス・ライオンズ弁護士の仲介で上院軍事委員会のスタッフと会談することになっていたので、その際に、基地の撤去も含めて、問題点をつぶさに訴えた。

また二度目の訪米要請では、国防総省（ペンタゴン）でサコタという日本担当の課長（ジャパン・デスク）に会ったことがあった。サコタさんは日系二世だそうだが、日本語は話さなかった。でも日本語は理解できるように、同行した同時通訳が正確であることに舌を巻いてみせた。とはいえサコタさんは、普天間基地の返還に代わる辺野古への基地移設の基本構想が示された沖縄に関する特別委員会（SACO. Special Action Committee for Okinawa）に米軍の代表として参加した人で、「われわれはいい仕事をした」と豪語していた。その自信にあふれる説明の過程で、日米安保条約は地理的限定を外すと明言した。これは、聞き逃すことはできない。この段階ではまだ、議会の承認も国会の審議のないのに、軍当局者が安保条約の適用範囲のなし崩し的な拡大を公言するわけである。これこそ、アメリカ政府およびアメリカ軍がいだいているアメリカの在日基地やこの根拠となる条約に対する基本的な認識を物語るものである。そこで会談は紛糾し、予定の時間を大幅に超過したのは、言うまでもない。

訪米要請活動は、その後四次まで続き、アメリカの基地のある都市を回ったり、ニューヨークの目抜き通り（五番街）を通ってセントラルパークから国連本部前の公園までパレードをしたりするなど、工夫を凝らして要請活動を続けた。パレードでは、チラシを配ったり、シュプレヒコールをしたりするだけでは目立たないので、わざわざ在米沖縄県人会の皆さんに参加してもらい、エイサーを踊りながら、五番街を練り歩いたので、街行く人から握手されたり、手を振ってもらったり、暖かい反応があった。また、カリフォルニア州サンディエゴでは、世界的な視野で米軍の戦略を批判しているチャーマーズ・ジョンソンさんに会ったり、ボストンでは、クエーカーのアメリカン・フレンズ・サーヴィス・コミティーのジョゼフ・ガーソンさんに歓待されたりしたこともあった。ガーソンさんは、毎年、原水爆禁止世界大会に参加されており、また昨年三月と六月にニューヨークの国連本部で開催された「核兵器を禁止する法的に拘束力のある文書を交渉する国連会議」に参加したときに、二〇年ぶりに再会した。

最初に紹介したエピソードから言えることは、外国軍事基地の問題は、解決が容易ではないが、手がかりがないわけではなく、またたとえば、当事国の国民の間にも、軍事基地の存続に反対する運動もあり、共通の土俵をつくることが重要だということになる。たとえば、第一次世界大戦の際に、トルコに五〇万人を超える大量殺害をされたと、アルメニアの人たちは訴えつづけており、またパレスチナの人たちは、イスラエルに不法に土地を奪われたと、訴え続けている。ベトナムで二〇〇一年に第三回アジア・太平洋法律家会議が開かれた折りに、開催に努力されたベトナム法律家協会の副会長兼事務局長のル・ヴァンダットさんにベトナム戦争に勝利した秘訣は何かとたずねたところ、「簡単なことだ。われわれは勝つまで戦ったからだ。」と明快に答えられた。

二　一九四五年から見て（一九五一年、一九五六年、一九七四年、一九九五年）

日本に外国軍事基地が置かれたのは、一九四五年の敗戦がきっかけである。中国のように、アヘン戦争によって屈辱的な条約を結ぶことはなかった。むしろその反対に、朝鮮（一八七五年の江華島事件）や台湾（一八七四年）に出兵し、また、日清戦争（一八九四年~九五年）、日露戦争（一九〇四年~〇五年）を通じて、軍事的な進出を好んで行う「帝国主義」路線を歩んでいた。一九四五年七月二六日のポツダム宣言を八月一五日に受諾して、九月二日に降伏文書に署名し、連合国の駐留を受け入れて、一九五一年九月八日のサンフランシスコ講和条約によって独立を回復した後には、日米安保条約（旧条約一九五一年・新条約一九六〇年）によって、アメリカ合衆国の軍隊の駐留を受入れ、軍事基地の提供を承認している。他方、沖縄は、本土と異なり、一九四五年三月二六日に軍事占領され、占領軍による軍政が敷かれていたが、一九五一年のサンフランシスコ講和条約では、アメリカ政府に統治権を委譲する「信託統治」の元に置かれ、民政官に移管後も、琉球政府は大幅に自主的な「統治」を制限され、米軍基地は、むしろ拡大・強化された。沖縄が日本の施政権下に「復帰」するのは一九七二年五月一五日であるが、一九七一年六月一七日の「沖縄返還協定」では、一九六〇年の日米安保条約とそれに付属する諸々の協定なども、琉球諸島及び大東諸島に適用されることが明記されている。

さらに重要な歴史的な区切りとしては、日本国が国連に加盟が許された一九五六年一二月一八日の国連総会決議である。日本の国際社会への「復帰」は東西対立の下で、東側の強い反対で長らく阻まれていたが、鳩山一郎内閣のときに、一九五六年一〇月一九日に「日ソ国交回復に関する共同宣言」が発表されて、道が開かれた。また、レジュメでは、一九九五年という区切りもあげているが、これは言うまでもなく、九月四日の少女暴行事件から一一月二七日の大田昌秀知事による米軍用地代理署名の拒否、県民総決起集会が開かれたという節目を示している。

要するに、これらの区切り目は、米軍基地の関する歴史的な節目を表すものであって、その内容や変遷を点検することによって、時間軸の上に外国軍事基地の位置づけが浮かび上がることを意味する。もちろん、これ以外にも重要な節目があり得るが、さしあたってはこの程度に留めて、現状と課題を明らかにすることにしよう。

国際法という視点から見ると、一九四五年以降の日本における外国軍事基地の位置づけは、次のように描ける。すなわち、敗戦から講和条約による独立までは、日本と沖縄は分断されているが、いずれもハーグ条約などのいわゆる戦時国際法によって「連合国」による軍事占領が正当化されている。戦勝国に権利として、敗戦国の領域（とりわけ領土）に進駐し、軍政を敷くことができる。しかし、これは平和の回復までの一時的な期間に限られ、したがってまた、恒久的な施設を設置したり、軍政の常態化をまねいたりするような措置が合理化されるわけでもない。その意味で、『沖縄国際法律家調査団報告書』に示されたように、講和条約締結以前における沖縄での軍事基地拡張は、明白にハーグ陸戦法規などの戦時国際法に違反するものであった。これは、朝鮮戦争に対処するためになされたという意味では、アメリカ軍ないしアメリカが指揮権を握っていた国連軍にとっては、軍事的な合目的性があると見ることもできるが、しかしそのような理由で、占領している土地において恒久的な軍事基地を拡張することが許されるわけではない。次に、サンフランシスコ講和条約から沖縄返還協定までの時期は、日本本土については、日米安保条約によって日本政府はアメリカ軍および政府に基地などの施設を提供している。しかし他方、沖縄については、サンフランシスコ講和条約によってアメリカ政府に「信託統治」がなされ、それによって米軍基地が継続的に維持されることになったとみることができるが、国連憲章上の「信託統治」は国連によって委嘱され、国連の信託理事会に報告するなどの義務を伴うものである。しかし、沖縄についてはそのような取り扱いはなく、日米の両国の暗黙の合意によって事実上の「信託統治」関係が運営されたと見るほかはあるまい。とはいえ、「信託統治」であれば委任した国に受任した国が定期的に報告する義務があり、委任した国の授権の範囲外の行為は原則として不可とされるはずであるから、沖縄における米軍基地の機能の変更や軍隊や装備の変更は、定期的に委任した国に報告し、その承認が必要なはずであが、そのような事実があったという報告はなされていない。

三　国際法の世界——ウェストファリア体制と現代国際法

さて現代の国際法を理解する上で欠かせないのが、戦争に関する法規が徐々に形成されてきている点である。たとえば、一八九九年にハーグ国際会議が開かれて、陸上の戦闘行為に関する取り決めがつくられた（陸戦ノ法規慣習ニ関スル条約、毒ガス禁止宣言、ダムダム弾禁止宣言など）。また、一九二四年には戦時国際法と呼ばれる領域がさらに拡大し、ジェネーブ条約がつくられ、これが第二世界大戦後、一九四九年に国際人道法の基本となるジェネーブ四条約に結実し、さらには一九七七年にこれらを補足する二つの追加議定書が採択されて、戦闘行為を規制し、一部はこれを禁止して、場合によってはそれぞれの国内法で処罰することを進める方向がはっきりととられることになった。その後さらに、一九九八年の国際刑事裁判所の設立を認めるローマ条約によって国際刑事裁判所の管轄となる重大な国際犯罪の一部に取り入れられて、国内法だけではなく、国際法上の犯罪として、違反した人が処罰される可能性も生まれた。しかし、戦争そのものを禁止する規定はまだ、完全な形では存在していない。部分的には、一九二八年の不戦条約によって、侵略戦争は違法であることが確認され、一九四五年の国連憲章によって、国際紛争の平和的な解決が義務づけられて、一定の場合に自衛のための武力の行使や集団的安全保障による集団的自衛のための武力の行使が、安全保障理事会が決定をするまでの短い間に限って許容されるが、それ以外の場合には、原則として、禁止され、さらには武力の行使を威嚇すること自体も禁止されることになった。また、二〇一〇年にカンパラで開かれたローマ規程再検討会議で、懸案になっていた「侵略犯罪」に定義規定が採択されることになり、批准国が所定の数に達すれば、発効することになっている。こうして、戦争行為そのものも、あるいは戦争状態そのものも、主権を持つそれぞれの国家が勝手に決めたり、勝手に始めたりしてもよいという状態では、もはやない。国際法は進化している。

とはいえ、外国の軍隊が自国にあることや、また逆に外国に自国の軍事基地を設置することが、国際法上、どのように扱われるかという問題が残っている。戦争行為の延長上で、外国の軍隊が駐留したり、軍備を蓄える施設を設置したりすることは、基本的には禁止されていない。とはいえ、そのような状態になる場合よりも、多くの場合、他国との戦争を想定して、あらかじめ軍隊を国外に配備するために軍事基地を設置したり、軍備を蓄える施設を設置したりすることになる。とりわけ、世界一強力な軍事力を維持しているアメリカは、第二次世界大戦後、東西対立が避けられないという判断から、東側を軍事基地で包囲して、封じ込めるという戦略をとり、軍隊を常時、アメリカ本土から見て前方に展開させるという政策を実施してきた。その軍事政策の基本的な発想や具体的な展開については、ディヴィッド・ヴァイン（西村金一監修・市中芳江・露久保由美子・手嶋由美子訳）『米軍基地がやってきたこと』（原書房、二〇一六年）に詳しく紹介されている。

基本的には受け入れ国との協議を通じて合意をつくり、そのもとで基地を建設するという手順を踏むけれど、その過程は相手次第という場当たり的なものであり、厳しい交渉を迫ることもある。しかも、多くの国で軍事同盟や基地の受入れについては、国際法上の条約という方法による場合には、議会の承認という手続が不可欠になり、また基地の使用や利用にあたっても、議会の審査や同意を要件とする方法も可能ではあるが、これも力が支配する交渉を通じて、たとえば行政上の取り決めとか覚書による合意など、議会の審査を経ないバイパスをつくる傾向もある。これに対抗するには、しっかりした政府間交渉とこれを支える国内法手続きの整備が不可欠であり、たとえば、フィリピンでは、憲法を改正して、外国に軍事基地を提供することを禁止して、なおかつ、条約の批准には議会の慎重な手続を経る必要があるとすることで、クラーク米空軍基地やスービック海軍基地の返還を実現したわけである。

また、核兵器の禁止という方法も、核兵器の貯蔵や運搬、実験に及ぶ場合には、これに関連する外国軍事基地を閉め出す上で効果的と言える。その意味で、一九九六年に国連総会の負託に応えて、国際司法裁判所が、人道法を含む国際法規に照らして核兵器の使用および使用の威嚇は一般に違法であるという勧告的意見を採択したことは、国際法の発展の上でも、きわめて重要な一歩であった。さらに、当時の国際司法裁判所では三名の裁判官の少数意見でしかなかった（池田眞規・新倉修「核兵器はどう裁かれたか」世界一九九六年一〇月号参照）ものが、昨年の国連会議で核兵器禁止条約が採択されたことによって、核兵器の使用および使用の威嚇が全面的に禁止されるだけではなく、実験も配備も、貯蔵もすべてが禁止されることになった。それだけに、この条約の批准国を増やし条約の発効を急がせることが、外国軍事基地の撤去や縮小を実現していくためにも、きわめて大事な課題ということができる。

四　現代人権法

このような国際法を発展過程や働きを理解すると、さらにその奥には、わたしたちの血となり肉となる大事な国際法があることに注意しよう。それが、ここで取りあげる現代人権法という問題である。ヴァイオリンの響きをつくりだす表裏の共鳴板をつなぐ木片は「魂柱」と呼ばれているが、現代人権法こそ現代国際法の「魂柱」と言うことができる。

一九四八年一二月一〇日に国連総会で採択された「世界人権宣言」は、人権法の現代的な展開の出発点として重要である。しかしよく見ると、言葉遣いには、「男の権利」と読める表記になっている。その意味で、女性参政権の世界的な承認が遅れた時代的制約は、世界人権宣言にも色濃く投影されている。しかし、男というのは、生計を維持する人という意味で使われており、したがって「男の権利」と表記されているものはまさに「人間の権利」ということになる。英語の表現では「人間としての権利（Human Rights）」という中立的な言葉が使われているが、フランス語ではずばり「男＝人の権利（droits de l'homme）」という言葉になっている。

このエピソードは、単に国連の作業言語が英語とフランス語であるという事実に由来するというレベルの問題ではなく、アメリカとイギリスが第二次大戦中に戦後社会の構造を構想した際に、国際連盟に代わる強力な国際機構の樹立を宣言した（「大西洋憲章」）という事実から出発している歴史を代言したものである。また同時に、独立の回復を目的として、ドゴール将軍を首班とする亡命政権として設立されたフランス臨時政府で、司法大臣として活動したルネ・カサンというパリ大学の公法教授が、戦争中に早くも、「国際人権憲章」の提案をしていて、戦後世界の精神的な支柱として、国際連合の設立をうたった「国際連合憲章」にも、人権の実現をこの普遍的な国際機関の目的に掲げて、その第一歩として、社会経済理事会の下に人権委員会を設置し、国際的な人権憲章ないし人権宣言の起草に取りかかることになった。敗戦国である日本は、このような戦後世界の秩序形成に預かることはできなかったので、実感が乏しいけれども、ここには生々しい現実があり、歴史の遺産を受け止めて、戦後世界の秩序の在り方としてどのような設計図を画くかという論戦があった。九人の起草委員が選ばれ、委員長には、故ルーズベルト大統領夫人であるエレノア・ルーズベルトが就任し、副委員長として招聘されたのが、フランス代表に選出されたルネ・カサンであった。

そのルネ・カサン氏が人権宣言にこだわったわけは、ナチスの政策としてユダヤ人に対する差別を助長し、これに悪のりをして、ユダヤ人を根こそぎ、居住地から引き離し、強制収容所に集中管理して、働けるものは働かせて、働けなくなったものや、いては都合の悪い老人や病人などは、毒ガスを使ってでも抹殺し、死骸を焼いて、灰をまき散らすという悪夢のような「ホロコースト」体験がある。彼自身、ユダヤ人であり、ナチスに半分占領されたフランスを脱出して、レジスタンスとして闘った経験があった。その体験からにじみ出た珠玉の概念が、「人間としての尊厳にふさわしい扱いを受ける権利」という考え方であった。人権は多様に広がり、人間の生活はますます豊かなものになるわけであるが、その核心的な部分は、基本的な平等と、それぞれの人の人間としての尊厳の尊重にある。これを突きつけていけば、軍事力を持って自らの安全を確保しなければならないという一人勝手な欲求を、腕力をかさに掛け、他人の迷惑も顧みずに進めることは、基本的な発想からしてとても受け入れることができないと言わざるを得ない。一人ひとりの人が人権を守られ自らの可能性を最大限に発揮して、幸福な人生を送ることができるような社会や世界秩序が必要であり、また人間はだれでも、そのような安心安全で幸福な人生を送ることができるような人権が保障される社会や国際秩序を求める権利がある。これこそ、世界人権宣言二八条に、あたかもダビンチ・コードのように埋め込まれた「平和への権利」を承認するものにほかならない。外国軍事基地を容認することは、このような「魂柱」ともいうべき「人間の尊厳に根ざした平和への権利」と相容れないものといわざるを得ない。

学校と人権—校則と人権のこれまでとこれから—

安原陽平

高校生の「政治活動の自由」の現在

城野一憲

安原　陽平・やすはら　ようへい
所属・職：沖縄国際大学総合文化学部講師
専　門　：教育法学、憲法学
学　歴　：早稲田大学大学院社会科学研究科博士後期課程満期退学
学　位　：修士（学術）
主要業績：「生徒の政治的自由・教師の政治的自由―教育と権力の関係からの考察」法学セミナー七三八号五五頁（二〇一六年）、「道徳教科化の教育法的問題点」日本教育法学会年報四五号一一九頁（二〇一六年）、斎藤一久編著『高校生のための選挙入門』（共著、二〇一六年、三省堂）、同『高校生のための憲法入門』（共著、二〇一七年、三省堂）など
※役職肩書等は講座開催当時

城野　一憲・しろの　かずのり
所属・職：鹿児島大学教育学系講師
専　門　：憲法
学　歴　：早稲田大学大学院法学研究科博士後期課程単位取得退学
学　位　：修士（法学）
主要業績：『表現の自由とメディア』（日本評論社、二〇一三年）（共著）
「表現の自由と厳格審査：アメリカ連邦憲法の修正一条解釈におけるルーツと展開」早稲田法学会誌六五巻二号九九頁（二〇一五年）
「高校生の「政治活動の自由」とその制限の許容性：政治活動の「届出制」についての実態調査もふまえて」鹿児島大学教育学部研究紀要（人文・社会科学編）六八巻一頁（二〇一七年）など
※役職肩書等は講座開催当時

学校と人権―校則と人権のこれまでとこれから―

安原陽平

はじめにのまえに

二〇一七年七月二九日（土）のうまんちゅ定例講座「法と政治の諸相」第四回では、二本の報告がおこなわれた。拙稿の基となった「学校と人権～校則と子どもの人権のこれまでとこれから～」と、ゲストスピーカーとして登壇した鹿児島大学城野一憲先生の「高校生の「政治活動の自由」の現在」である。城野先生の論稿は、拙稿のあとに掲載されている。鹿児島県の実例を踏まえた高校生の政治活動の自由に関する最先端の議論である。

本稿は、二〇一七―二〇一九年度科学研究費基盤研究（C）「高等学校における生徒の政治活動の自由をめぐる総合的研究」（研究課題番号17K03349）の成果の一部である。本講座には、研究代表者の東京学芸大学斎藤一久先生をはじめ、研究分担者の九州産業大学堀口悟郎先生、早稲田大学助手小池洋平先生たちが参加し、本講座後も含め貴重な助言を与えてくれた。(1)

公開講座委員長である中野正剛先生は、一回の講座で二人の講師が担当する変則的な開催を快く受け入れてくれた。関連して、経営広報役員室の方々には、開催までの各種調整、開催当日の対応、開催後の原稿の集約・編集等でお世話になった。また、当日会場での『高校生のための選挙入門』『高校生のための憲法入門』（ともに三省堂）の販売に関しては、朝野書房の方々にご協力いただいた。一般の参加者だけではなく、法学研究者、現職の教師、本学学生も、関心をもって多数参加してくれている。

本講座に関わったすべての人に、改めて感謝申し上げたい。ありがとうございました。

はじめに

二〇一七年五月、約六割の都立高校で地毛か染めた髪かを見分けるために一部の生徒から「地毛証明書」の提出を求めているという報道がなされた。同年十月には、大阪の府立高校で、生まれつき髪の茶色い生徒に黒染するよう強要していたことが、各メディアで取り上げられるなどしている。また、二〇一六年に選挙権年齢が一八歳に引き下げられた際、集会やデモへの参加の届出を校則に盛り込むことについて議論があった。

近年再び、厳し過ぎる校則がクローズアップされている。管理教育の一環として問題となった一九八〇年代の厳し過ぎる校則と、それに続く校則裁判の頻発から数十年経った現在、校則は新たな局面を迎えている。これまでの校則をめぐる議論を踏まえ、改めて校則と人権の関係を考える必要がある。(2)

本稿では、憲法学・教育法学の議論を参考にしながら、校則(3)と人権のこれまでとこれからを考えたい。

一　校則と人権の概観

1　校則と人権

本来校則は、「教職員に関する規定までも含めて、学校のきまりの総称として用いられる場合や、学校教育法施行規則三条・四条・一五条などに規定される学則と同義に用いられる場合がある」が、「『校則裁判』で問題とされている校則は、生活指導領域で「生徒の生活行動を直接規制するきまり」であり、特に生徒に対し一定の行為を禁止する」ものである。(4) 生徒の特定の行為を禁止するルールという意味での校則理解は、校則裁判だけにとどまらず、学校や社会一般に定着している。なお、各学校の規程では、この意味での校則を生徒心得や生徒規則などと呼ぶこともあるが、本稿では便宜上まとめて校則としている。

校則が制約している生徒の人権は多岐にわたるが、学説や校則裁判では憲法一三条の自己決定権の制約が主に問題とされる。具体的には、染髪やパーマ禁止などの頭髪規制、学校指定の制服着用の強制、バイクや自動車の免許取得の禁止・許可制等が、代表例として挙げられる。

2　校則の法的性質

校則には、法的根拠がない。にもかかわらず、校則は、生徒を規律し、懲戒の根拠ともなる。人権すらも制約する。そのため、校則の法的性質については、学説上様々な説明がなされてきた。代表的な学説としては、特別権力関係説、附合契約説、在学契約説などが挙げられる。(5)

前者二つは、法的根拠なく生徒を規律することを説明できる一方で、日本国憲法下において民主的コントロールが及ばない領域があることに対する批判、換言すれば法治主義に反するという批判が存在する。法治主義に反することが正当化されない以上、法的根拠の必要性が指摘される。(6)

他方後者は、「現行教育法制における国公立学校在学関係」を、「私学の在学関係と本質を同じくする在学契約関係」と把握する。そのうえで「各学校ごとの教育自治関係として、父母や生徒等の基本的な合意の下で慣習法的に生徒の権利の保障範囲・制約が決められていくということが常態」であるとし、学校の内部規範に関して父母や生徒による合意という要素を挙げている。また、「刑事司法的強制力を有しない学校の中にあって、禁止・許可制違反に直ちに刑事罰則が課されることはないのだとすれば、学生生徒の行動にたいする学校当局による禁止命令や許可制といった仕組みは、一般の権力行政におけるそれと異なり、実はさしたる法的強制力を備えてはいないのである（禁止・許可制違反を形式的にそれだけ捉えて懲戒処分事由にはなしがたい）」とし、内部規範の法的強制力に否定的な見解も述べている。(7)

たしかに、この在学契約説に対しては、実態から乖離しているなどの指摘も存在する。(8) しかしこの説は、他の二説と異なり、あるべき校則の規準となりうるのが特徴的である。ともすれば特別な法関係ないしは部分社会で軽視されがちな、ルールの制定における合意、運用に際しての法的強制力の原則否定を学校の内部規範の要素として挙げていることは、校則と人権の問題を考えるうえで現在なお参考になるものと思われる。

3　人権に対する校則の優位性

校則裁判が頻発した一九八〇年～九〇年代は、校則が人権を制約していること、制約されている人権は主に自己決定権であることという理解が広く定着する時期である。(9) しかし同時に、裁判上校則に関する校長の広範な裁量権限が承認され、人権に対する校則の優位性が確立していく時期でもあった。

裁判所が示した基本的な構造は、以下である。校長は教育の実現ないしは学校の設置目的達成のために校則制定に関する包括的な権能を有している。ただし、その権能も無制約ではなく、内容が社会通念に照らして合理的でなければならない。さらに、懲戒処分についても広範な裁量権が認められるが、退学処分についてはやむを得ないと認められる場合にのみ選択できる。(10)

裁判の結果、校則それ自体が違憲・違法とされたことはない。懲戒処分の違法性が認定されることも少なく、退学処分を違法とした事例が若干存在するにとどまる。

校則裁判は、教育現場にも少なからず影響を与えている。たしかに一方で、校則裁判をきっかけに、各地で校則の見直しが進められた。丸刈り規定が全国的に減少していったのは、その一例といえよう。[11]しかし他方で、人権に対する優位性は維持され、校則は多くの学校で今なお君臨したままである。

二　校則のこれまで―何が問題か―

これまで、裁判実務・教育実務において校則はなぜ人権に優位してきたのか。その原理的考察をここではおこないたい。

1　人権主体性―未成熟な生徒像―

校則の優位性を基礎づける原理としてまず考えられるのは、生徒の人権主体性の軽視である。校則裁判において、中学生は「未成熟な中学校在学の生徒」[12]、高校生は「心身共に未だ十分には成熟しておらず、人格形成の途上」[13]の存在として理解され、その未成熟性が強調されている。他方、校長や教師は「専門的な知識と経験を有する」[14]主体としてみなされている。結果、生徒を規律する包括的な権能が認められ、生徒はそれに従うことが求められる。

たしかに、専門的主体としての校長や教師、人格形成の途上にある未成熟な生徒という人物像は、一定の説得力をもつ。しかし、このような人物像が唯一採られなければならないというわけではない。とくに生徒の場合、一定程度自律した人物像も考えられうる。たとえば、高校生の場合、校則裁判において未成熟性が強調されたのに対し、学校事故をめぐる裁判では「通常その心身の発達の程度は成人に近いものがあり、自己の行為によりいかなる結果が生じいかなる責任を負担するかの判断能力も成人に近い」[15]とされている。[16]中学生の場合も、民法上一五歳以上（中学校三年生）なら親の同意なく有効な遺言が可能であり、刑法上一四歳以上（中学校二年生）なら責任能力が肯定される。未成熟ゆえに全面的に保護の対象として扱われているわけではない。

樋口陽一は「未成年者の権利の包括的な制限を、保護の論理によって簡単にみとめる傾向が支配的であった。学校内での表現の自由と憲法二一条の関係、髪型や服装などについての自己決定の自由と憲法一三条の関係などの場面で、未成年者の人格的自律の保障を原則的前提としたうえで、保護の要請との調整をはかることが必要である」[17]と述べている。未成熟な生徒像は、人権主体性を軽視し、校則の正当性を認めやすくする。学校において生徒の自由を真剣に保障するためには、完全ではないにしろ人権主体としての自律した生徒像が求められる。

2　自由保障の前提―原則例外関係の逆転―

次に考えられるのは、自由が原則的に保障されていないことである。人権保障においては、自由が原則で、制限が例外という出発点が重要である。たとえば小山剛は、「憲法第3章は、表現の自由、通信の秘密、住居の不可侵、居住・移転の自由などの、一連の《国家からの自由》を保障している。このような《国家からの自由》の保障にとって重要なのは、《原則としての自由》と《例外としての制限》という、**原則―例外**関係である」(18)としている。

この点、校則と人権の関係で採られている思考は、原則自由・例外制限ではなく、原則制限・例外自由というものである。原則例外を逆転させた思考は、自由の広範な制限を認めることとなる。加えて、自由保障に理由付けが必要となってくる。校則裁判において、【基本的人権の保障＋公共の福祉による制限】ではなく、【校長の包括的権能の承認＋社会通念による限界】という構図が採られているのも、原則例外関係の逆転の現れと看て取ることができよう。

学校でもこのような思考が顕在化している。たとえば、文科省の通知「学校における携帯電話の取扱い等について」では、小学校及び中学校における携帯電話の持ち込みを「原則禁止とすべき」とし、例外的に持ち込みが認められるのは「保護者から学校長に対し、児童生徒による携帯電話の学校への持込み許可を申請」した場合である。なぜ持ち込みが必要かを保護者が説明しなければならない。

また、高校生の政治活動に関する通知では、一九六九年と二〇一五年とで人権の制約に関して根本的な考え方の違いを看取することができる。一九六九年の「高等学校における政治的教養教育と政治的活動について」では、「基本的人権といえども、公共の福祉の観点からの制約が認められるものである」とされた。たしかに、基本的人権が制約される文脈であり、本通知の理解は高校生の基本的人権の保障に冷淡ではある。しかし、基本的人権と公共の福祉という構図で論じられており、憲法の次元での思考が一応はなされている。他方二〇一五年「高等学校等における政治的教養の教育と高等学校等の生徒による政治的活動等について」では、「高等学校等の校長は、各学校の設置目的を達成するために必要な事項について、必要かつ合理的な範囲内で、在学する生徒を規律する包括的な権能を有するとされていることなどに鑑みると、高等学校等の生徒による政治的活動等は、無制限に認められるものではなく、必要かつ合理的な範囲内で制約を受けるもの」とされている。校長の権能に基づく制約が前面に出てくる論理であり、さらには人権という言葉も登場しない。ここに原則例外関係の逆転の帰結を見て取ることはそう難しくない。(19)

学校において原則例外関係が逆転したままでは、人権の保障は必然的に不十分なものとなる。また、自由は無条件で享受できるものではなく、「正当」な理由がなければ認められないものという理解へとつながりかねない。生徒の自由保障においてどのような前提を敷くかは、学校をいかなる空間と把握するかに密接に関連する。教育を受ける権利など、学校が人権を保障する場であるなら、原則自由・例外制限という前提が採られるべきではなかろうか。学校という制度の中に入ることで原則と例外の逆転が起きるのは、本末転倒である。

3　学校における人権理解―大切にするものとしての人権？―

原理的というよりは実践的考察に近いが、学校における人権理解も、校則の広範な人権制約を基礎づけるものとして挙げられよう。中学校学習指導要領解説社会編（平成二九年六月文部科学省）における公民的分野の一節では、「個人は他の個人と結び付いて社会集団を形成し社会生活を営むのであり、民主社会においては、互いに個人の尊厳と基本的人権を尊重することが社会生活の基本」とされている。また、沖縄県のある県立高校の校則（生徒心得）には、一般的心得として、「生命や人権を尊重し、自己の安全に努めること[20]」とある。

ここには、人権は大切にするものという理解が見て取れる。もちろん、人権を尊重することは重要であるし、社会に生きる個人にとって求められるものでもあろう。しかし、憲法・人権は対国家規範である。そのため、人権を尊重しなければならないのは、まずなにより公権力である。そこを抜きにして、個々人による人権の尊重は十分に語りえない。

また、人権は行使するものでもある。むしろ、日本国憲法一二条によれば、不断の努力により保持し、公共の福祉に反しないように行使することこそが本質である。一八歳選挙権が実現された際に、「民主主義のルールや考え方を学ぶ機会が少ないまま選挙権を与えられた。生徒会活動などまず小さな社会で、物事が決まる過程や、より良い結論に導く方法などを体得する訓練が必要[21]」という指摘がなされた。このような指摘がなされることは、行使するものとしての人権理解が学校では不十分ということの証左でもあろう。

大切にするものとしての人権理解だけでは、自分自身に対する自由の制約に鈍感になる。公権力によって大切にされるものとしての人権、また自らが行使するものとしての人権という理解が採られることで、学校における個々人の人権保障も、より鋭敏に意識されるのではなかろうか。

三　校則のこれから―何を問題にすべきか―

ここでは、生徒の自由がより保障されるために、換言すれば校則を適切にコントロールするためにこれから考えるべき問題を提示したい。

1　権利侵害の多様化―虚像の保障を一例として―

現在、性的マイノリティの制服着用をめぐる問題、高校生の政治活動への対応など、これまでの自己決定権論だけでは論じきれない問題が生じている。また、頭髪指導の一環で地毛証明書の提出を求めたり、黒髪を強要したりするなど、プライバシーに深く関わる問題も散見される。高校生の政治活動については城野論文で扱われていること、また紙幅の関係もあることから、ここでは性的マイノリティの生徒と校則の問題に焦点を絞って考えてみたい。

LGBT（Lesbian、Gay、Bisexual、Transgender）や性同一性障害を抱える性的マイノリティに対する認識は、社会一般にも徐々に広がり、自治体による取り組みも進んでいる。教育においても、二〇一五年に文科省は「性同一性障害に係る児童生徒に対するきめ細かな対応の実施等について」を出し、各学校への対応を促している。たとえば制服に関しては、「自認する性別の制服・衣服や、体操着の着用を認める」対応を求めるなどして、状況も改善されつつある。校則の機械的な適用ではなく、生徒の個性に応じた柔軟な対応は、肯定的に評価できる。

ただ、特別な配慮をおこなえば、問題がなくなるわけではない。たとえば、君が代起立斉唱事件判決文を分析する論文の中で、堀口悟郎は「人は、一方で、虚像による承認を求め、実像と虚像との乖離に苦悩し、しかし他方で、実像と異なる虚像を演じ分ける。このような実像と虚像との複雑な相互関係への着眼がなければ、人格という概念の全体を掴み取ることはできない[(22)]」と、自分が定義する自己という実像と、他者が定義する自己という虚像の双方で人格が構成されることを描き出す。堀口論文の射程は慎重に見極めなければならないが、虚像への視座は有益な示唆を与えてくれる。

これまで校則との関係で主張されるのは自己決定権が主であったが、これは自分が定義する自己という実像を守ることに関係するものと思われる。これからは、場合によっては他者が定義する自己という虚像を守る必要性も考えなければならないのではないか。たとえば、校則による制服着用義務に従うことは自認する性と異なる行為が求められ実像が傷つけられる。他方で特別な配慮を求めることは望まぬカミングアウトへとつながり虚像を傷つける。制服着用を義務付ける校則によって、性的マイノリティの生徒がこのようなジレンマに陥る可能性がある。他者との関係のなかで築かれる虚像も—どの範囲でどの程度という問題は別途残るとはいえ—守る必要があることは意識されなければならないだろう。

2 親の教育権、学校自治論の可能性

校則と人権を考えるうえで、親の教育権も重要である。たとえば、ドイツでは「髪型や服装など

の外見をどうするかは、生徒自身ないし親の責任事項である。学校としては、学校の秩序が侵される危険がある場合にかぎり（たとえば、伝染病の危険）、これに干渉することができる」[23]とされている。また、教師の教育権論者である市川も、「「厳し過ぎ、細か過ぎる校則」を一面で支えているのは、わが子の教育についての責任を、人間形成的な側面までも含めて、全面的に学校に肩代わりを求める父母や、「子ども人質論」にとらわれて、ひたすら学校側に迎合的で事なかれ主義的な父母でもある。在学関係において、子どもの人権主体性を明確にすることは、子どもの人権保障における親の第一義的責任である親の教育権を問うことでもある」[24]と述べ、親の教育権の重要性を指摘している。[25]

同時に、「我が国の教師は、教科指導等に限定して責任をもつ欧米の国々と異なり、生活指導や進路指導、さらには、本務外である課外活動や家庭教育支援まで一定の責任を果たすことが求められており、状況は非常に複雑である」[26]との声も存在する。また、施設の利用方法なども校則には含まれ、個人の権利で対応できるものばかりでもない。さらに、校則が制限している自由すべてが、憲法上保障されるかどうかは別途詳細な検討が必要である。

そう考えると現段階では、親・生徒に加え、教師も含めた各主体の参加・合意に基づく学校自治論を、校則との関係で論じる途を考えてみるべきではなかろうか。[27]合意を形成する過程で、何が民主的に決める対象で、何が親ないしは生徒の権利の対象であるか、実感を伴って浮き彫りになってくるのではなかろうか。校則の法的性質論に登場する在学契約説の論者も、学校の内部規範に合意という要素を見出していたことは再び確認されてよい。

たしかに、教師の多忙化、親の熱意や学校への関わり方の変化、地域住民の意向、学校の評判、進学校と指導困難校などの各学校ごとの特徴の違いなど、学校自治が現実には困難であるという指摘も想定できる。しかし、長野県立辰野高校[28]や盛岡市立北松園中学校[29]など、校則を見直した例も実際に存在するため、非現実的なものではない。

3　校則に基づく指導の弊害―体罰・ハラスメントとの近さ―

校則による人権侵害とは次元を異にするが、最後に校則と体罰・ハラスメントの関係にも触れておきたい。校則を守らせるために体罰が用いられているという指摘があるように[30]、校則と体罰は深い関係にある。

また、校則に基づく行き過ぎた指導が、体罰に当たるのではないかと問題にされることもある。たとえば、頭髪指導の一環で、教師による茶髪を黒色に染め直す行為が体罰か否か争われた事例が挙げられる。この事例で問題となった染髪行為について、裁判所は、「教員の生徒に対する有形力の行使ではあっても、教員が生徒に対して行うことが許される教育的指導の範囲を逸脱したものとはいえず、学校教育法11条ただし書にいう体罰にも当たらない」[31]と判断している。たしかに本件において染髪行為は教育的指導の範囲内とされてはいるが、本判決の枠組を前提としてもなお染髪行為が違法性を帯びるケースがあると想定事例が紹介されるなどしている。[32]校則に基づく指導と法禁されている体罰の距離は、決して遠くない。

また、校則に基づく指導が体罰に接近するということは、ある種のハラスメントに接近する可能性も否定できない。たとえば、社会的にも関心を集め、提訴にも至っている黒髪強要のケースでは、名簿から名前が削除されたり、黒染をしないことを理由に授業や修学旅行への参加が禁じられたという報道もなされている。報道の通りなら、教育を受ける権利等の侵害はもちろん、学校側の嫌がらせというハラスメントの問題としても捉えられなくはない。

もちろん、各学校ごとに様々な事情があり、必要な指導も多種多様であろう。しかし、校則を厳格に守らせようとする行き過ぎた指導は、場合によっては体罰やハラスメントへとつながるおそれもある。生徒の権利保障のためにも、校則に基づく指導と体罰・ハラスメントの近さは常に意識する必要があろう。

さいごに

各学校に見られる多くの校則は、みんなのことはみんなで決めるという民主主義的な要素と自分のことは自分で決めるという立憲主義的な要素の両方が欠落している。人権を制約し生徒を管理するツールではなく、人権が保障されているかどうかを見極める試金石としての校則がこれからは求められる。

注

(1) なお、講座前日の七月二八日（金）には沖縄法政研究所第六二回研究会「憲法パトリオティズムと沖縄」が開催された。早稲田大学助教田畑真一先生が「政治哲学の視点から」、斎藤一久先生が「憲法学の視点から」、それぞれ報告をおこなっている。この研究会は、Jan-Werner Müller (2007)『CONSTITUTIONAL PATRIOTISM』(Princeton University Press) の翻訳プロジェクトが一つのきっかけとなっている。翻訳書は、ヤン＝ヴェルナー・ミュラー著（斎藤一久／田畑真一／小池洋平監訳、安原陽平／根田恵多／菅沼博子訳）（二〇一七）『憲法パトリオティズム』（法政大学出版局）として公刊されている。

(2) 新たな時代状況の中で頭髪指導を考えるものとして、たとえば「〔特集〕カラーリングあふれる時代の頭髪指導」季刊教育法一七七号（二〇一三）六頁以下参照。

(3) 校則は各学校種に存在するが、本稿では主に中学校と高等学校を念頭においている。また、問題の所在を明確にするため学校設置主体の違いはとくに問題としない。

(4) 市川須美子（二〇〇七）『学校教育裁判と教育法』（三省堂）一一六頁。

(5) 校則の法的性質に関する論稿は多数存在するが、たとえば、竹内俊子（一九九二）「校則　規制される権利と規制されない権利」法学セミナー四四九号五四頁以下など参照。

(6) 姉崎洋一ほか編（二〇一五）『新訂版　ガイドブック教育法』（三省堂）二四頁以下参照〔廣澤明執筆〕。

(7) 在学契約説については、兼子仁（一九七八）『教育法〔新版〕』（有斐閣）四〇五頁以下参照。

(8) 戸波江二（一九九三）「校則と生徒の人権」法学セミナー四六〇号七八頁参照。

(9) 一九八八年のジュリスト九一二号では、「特集 校則・体罰と人権」という特集が組まれている。「〈座談会〉校則問題を考える」の冒頭で、松尾浩也は「『ジュリスト』は法律雑誌ですが、教育の分野で起こるいろいろな問題に関しても、それがしばしば法律と接点を持つという限りで、関心を持続させております。本日のような座談会も、校内暴力の問題（七三八号）、あるいはいじめの問題（八三六号）等について開いたことがあるわけです。この種の問題群の中で最近急に浮上してきたのが、今日の主題である「校則」の取扱い」（四頁）と述べているように、この時期校則問題が法的にも注目され始めたことがわかる。

(10) 裁判所が示す基本的な構造は、熊本地判昭和六〇年一一月一三日判時一一七四号四八頁［熊本男子中学生丸刈り校則事件］、高松高判平成二年二月一九日判時一三六二号四四頁［高知バイク停学事件］、千葉地判昭和六二年一〇月三〇日判時一二六六号八一頁［千葉バイク退学事件］、大阪高判平成七年一〇月二四日判時一五六一号三四頁［卒業認定確認等請求控訴事件］を中心にまとめた。

(11) 校則裁判に関する歴史的評価、裁判上の論点、校則の適法性審査の精緻化などについては、市川須美子（二〇一四）「校則裁判の論点」日本教育法学会編『教育法の現代的争点』（法律文化社）三二八頁以下参照。

(12) 東京高判平成元年七月一九日判時一三三一号六二頁［中学校制服代金等請求控訴事件］。

(13) 東京地判平成三年五月二七日判時一三八七号三二頁［修徳学園バイク退学事件］。

(14) 高松高判平成二年二月一九日判時一三六二号四六頁［高知バイク停学事件］。

(15) 津地判昭和五四年一〇月二五日判時九五七号一〇一頁［損害賠償請求事件］。

(16) 校則裁判における生徒像については、市川・前掲注(4)一三七頁以下参照。一方では高校生の自主的判断能力を前提に学校側の責任範囲を限定し、他方では未成熟性を前提に学校側の広範な規制権限を承認する裁判所の首尾一貫しないロジックを、市川は鋭く批判している。

(17) 樋口陽一（二〇〇七）『憲法　第三版』（創文社）一八〇頁。

(18) 小山剛（二〇一六）『「憲法上の権利」の作法　第3版』（尚学社）一二頁。

(19) この観点からの通知の批判として、安原陽平（二〇一六）「高校生の政治学習・政治活動、「新通知」批判」佐貫浩監修・教育科学研究会編『18歳選挙権時代の主権者教育を創る―憲法を自分の力に』（新日本出版社）六一頁以下参照。

(20) 沖縄県立開邦高等学校HP http://www.kaiho-h.open.ed.jp/2016-17/pdf/kousoku/hikkei_04-1_pp.72-85.pdf（二〇一七年一二月二〇日閲覧）。

(21) 二〇一六年七月九日南日本新聞二八面社会（城野一憲コメント）。

(22) 堀口悟郎（二〇一四）「人格と虚像―君が代起立斉唱事件判決を読み直す―」慶應法学三〇号四三頁。

(23) ヘルマン・アベナリウス著（結城忠監訳）（二〇〇四）『ドイツの学校と教育法制』（教育開発研究所）一五三頁。

(24) 市川・前掲注(4)一二五頁。

(25) そのほか、親の教育権から校則を批判的に検討するものとして、西原博史（二〇〇八）『子どもは好きに育てていい「親の教育権」入門』（日本放送出版協会）一四四頁以下参照。

(26) 佐々木幸寿（二〇一六）「Review　教職課程のための憲法入門（西原博史・斎藤一久編著）」季刊教育法一八九号八一頁。

(27) そのほか、生徒会で議論することの提案もある。斎藤一久編著（二〇一七）『高校生のための憲法入門』（三省堂）二四頁参照［斎藤一久執筆］。

(28) 宮下与兵衛（二〇一〇）「実践研究報告　辰野高校の「フォーラム」「三者協議会」による民主的学校づくり」浦野東洋一ほか編『開かれた学校づくりの実践と理論　全国交流集会一〇年の歩みをふりかえる』（同時代社）六二頁以下参照。

(29) 岡崎正道（二〇〇〇）『校則はいらない～親・子・教師で創った理想の公立中学校』（明窓出版）参照。

(30) 市川・前掲注(4)一二一頁参照。

(31) 大阪高判平成二三年一〇月一八日季刊教育法一七七号六三頁［市立中学校体罰損害賠償請求控訴事件］。

(32) 瀬戸則夫（二〇一三）「市立中染髪指導国賠訴訟事件判例解説」季刊教育法一七七号四四頁以下参照。

［追記］

校正中に、西原博史先生（早稲田大学社会科学総合学術院教授）の訃報に接した。西原先生は、本稿でも注に挙げている親の教育権論や、良心の自由論などから、憲法学・教育法学の分野で多くの業績を遺された。大学院に進学して以降、多くのことを学ばせていただいた。

西原先生、大変お世話になりました。そして、本当にありがとうございました。

安原陽平

高校生の「政治活動の自由」の現在

城野一憲

一　はじめに

二〇一五年の一八歳選挙権の実現は、高校生を含む若い世代が国や社会の形成に積極的、主体的に参画することへの期待を、その背景の一つとしている。(1)その一方で、「教育基本法の規定に基づき、学校内外における生徒の一切の政治活動を禁止する」といった、ある実在する公立高校の校則に端的に表れているように、これまで日本の高校は、生徒が政治活動と関わることを禁止・制限してきたし、その傾向は、現在でもそれほど変化していない。(2)さらに、こうした校則の是非を論ずる以前に、このようなルールが校則の中に記載されていることに、当事者である高校生たちもあまり自覚的ではない。民主主義社会に生きる市民を養成する、初等中等教育の最終段階である高校が、政治的・社会的な問題から隔てられた「非政治化」された領域であることは、学校や生徒だけではなく、私たちの生きる社会全体のあり様とも関わる重大な問題である。

二　政治活動「禁止」の背景

学校や生徒が政治的な問題と関わることを忌避する傾向は、戦後初期の若干の動揺期を除けば、明治期以来の長い伝統を有している。第一四議会において、衆議院議員選挙法が全面改正（明治三三年法律七三号）された際に、選挙権・被選挙権の欠格事項として「官立公立私立学校ノ学生、生徒」（一二条後段）が、被選挙権の欠格事項として「小学校教員」（一三条）が規定された。(3) 一〇円以上の国税を納付する二五歳以上の帝国臣民の男子のみに選挙権を与えるという、当時の制限選挙（国民全体に占める有権者の割合は五％未満）の下では、「学生、生徒」が選挙人の資格を持つケースは極めて稀であった。また、小学校教員を教育に「一意専心」させ、選挙の際に教え子らに不当な影響力を行使することを防ぐことが、その被選挙権の剥奪の理由として提示されていたが、衆議院や貴族院の審議においても、こうした弊害の実例が現実には確認できていないことが指摘されていた。ここでは、ごく一部の例外的な事情も許容せず、未然の、先回りした予防を試みる傾向が、はっきりと表れている。

また周知のように、集会や結社を制限する治安警察法（明治三三年法律三六号）は、「政事上ノ結社」への加入を禁止される者として、「未成年者」や「女子」と並べて、「官立公立私立学校ノ教員学生生徒」を挙げていた（五条一項）。学生生徒の参政権の欠格条項や小学校教員の被選挙権剥奪の規定は、男子普通選挙が実現した一九二五年の全面改正（大正一四年法律四七号）で削除されたが、治安警察法の規定はそのまま存置された。

戦後、ＧＨＱの民主化政策を経て、こうした傾向はある程度修正された。[4] 旧教育基本法や教育委員会制度の下で、政治活動や政治結社との関わりの制限は、各学校の判断に委ねられるべきものとされた点は、基本的には現在でも変化していない。もっとも、文部省は、「学生の政治運動について」（昭和二三年）、「高等学校生徒に対する指導体制の確立について」（昭和三五年）、「高等学校生徒会の連合的な組織について」（同年）などの通達を出し、生徒が校外の政治活動や団体と関わることを制限しようとしていたし、各地の教育委員会もそれと歩調を合わせていた。[5]

特に重要で決定的なのが、いわゆる「昭和四四年通知」、「高等学校における政治的教養と政治的活動について」である。学園紛争が最高潮を迎えた一九六九年に発出されたこの通知は、「生徒は未成年者であり、民事上、刑事上などにおいて成年者と異なつた扱いをされるとともに選挙権等の参政権が与えられていないことなどからも明らかであるように、国家・社会としては未成年者が政治的活動を行なうことを期待していないし、むしろ行なわないよう要請している」と宣言し、高校が生徒の政治活動を全面的に禁止・制限することを推奨した。学生運動の余波が高校や中学校にまで波及し、校門封鎖や教室占拠が発生する中で出されたこの通知は、「いわゆる沖縄返還、安保反対」、「授業妨害や学校封鎖」という文言が示すように、当時の時代状況を色濃く反映した、特有の文脈を有するものでもあった。こうした特殊な事情に基づく政治活動制限の論理が、「高校紛争」[6]が鎮静化した後も維持されてしまったことに、現在の状況の遠因があると言える。

ただし、高校が生徒の校外活動を包括的・一方的に制限するのは、政治活動の場面に限られないことには注意を要する。運転免許取得やアルバイト就業を原則として禁止し、学校の許可を得ることを条件に限定的に許容する校則を持つ高校は、現在でも決して少なくない。中学校の丸刈り校則や、高校のバイク禁止校則などについては、校則の合憲性・合法性を争う憲法訴訟（校則訴訟）が提起され、憲法学や教育法学からは、幸福追求権や教育を受ける権利などの観点から積極的な応答もなされた。(7) 残念ながら、司法的な救済の壁は厚く、裁判所は校則訴訟にあまり応えてくれていない。その結果、現在の学校は、校則によって生徒の活動を包括的・一方的に制限することにあまり疑問を感じる必要性が無い状況に置かれている。そこで、「高校生にも政治活動の自由があるのではないですか」と高校の現場に問いかけると、「政治活動だけを特別扱いするべきということですか?」という反応に結びついてしまう。政治活動も含めた、学校内外におけるあらゆる生徒の活動について禁止や許可が留保されている、ここが現在では議論の出発点となっている。

三　一八歳選挙権の実現と政治活動の「届出制」、新校則

一八歳選挙権の実現は、政治活動を特別扱いするべき理由を提供している。昭和四四年通知は、生徒の非有権者性などから、その全面的な政治活動制限を正当化していたため、高校生の中に有権者が混在することになった以上、それをそのまま維持することはできない。

二〇一五年に文部科学省は、いわゆる「平成二七年通知」、「高等学校等における政治的教養の教育と高等学校等の生徒による政治的活動等について」を発出した。この平成二七年通知については、憲法学者や社会学者、PTA、校長会なども交えたその立案過程における議論や、学校現場に向けたより具体的な指針である「「高等学校等における政治的教養の教育と高等学校等の生徒による政治的活動等について（通知）」に関するQ&A（生徒指導関係）」（通知Q&A）も公開されている。また、平成二七年通知の発出に前後して、高校等における「主権者教育」のための副教材として総務省と文部科学省が作成し、全国の高校生に無償配布されている冊子「私たちが拓く日本の未来」と、その指導用資料の中にも関連する記述があるため、現在の文部科学省が、高校生の政治活動制限についてどのような考えを持っているのかは、比較的同定が容易である。その詳細な分析をここで行うことは、紙幅の関係で困難だが、基本的には、これまでの校則による包括的・一方的な政治活動制限を許容するものと見るべきだろう。[8] 確かに、高校生が政治活動に関わることは「教育上望ましくない」と断定した昭和四四年通知に比べれば、「高等学校等の生徒が、国家・社会の形成に主体的に参画していくことがより一層期待される」とした上で、「放課後や休日等に学校の構外で行われる選挙運動や政治的活動は、家庭の理解の下、生徒が判断し、行うものである」として、生徒の政治活動を部分的に許容する姿勢が示された点は大きな変化である。しかし、校内や教育の場を利用して行われる政治活動は禁止するべきものとされ、校外で放課後や休日に行われるものであっても、学業への支障や生徒の安全確保、学校の「政治的中立性」の維持といった理由付けがあれば、引き続き禁止・制限しても構わないとされている点では、新旧の通知にはそれほど大きな違いはない。後者の場面における禁止・制限は、あくまでも「必要かつ合理的な範囲内で」という条件が付されているが、前述したように、生徒のあらゆる活動を制限する権限を留保されていると考えている学校現場に対して、この条件がどれほど実効的に作用するのかは疑問である。

実際、平成二七年通知の発出に前後して、愛媛県教育委員会が、校外政治活動の「届出制」を義務付ける校則を県内全ての公立高校に一斉に導入させていたことが報道され、全国的にも問題となった。鹿児島県でも南日本新聞による電話調査が二〇一六年四月頃に行われ、いくつかの公立高校や私立高校が、「届出制」を導入していることが示唆されている。ここで「届出制」といっても、行政法学における届出制、例えば、行政手続法が「届出」として定義している「行政庁に対し一定の事項の通知をする行為(申請に該当するものを除く。)であって、法令により直接に当該通知が義務付けられているもの(自己の期待する一定の法律上の効果を発生させるためには当該通知をすべきこととされているものを含む。)」(二条七号)のような、単に一定の事項を通知することで法的な要件が充足されるものと同視することはできない。学校現場における「届出制」は、教科教育から日常的な生活態度までを含めた広範な「指導」の権限に裏打ちされた、全面禁止制への移行も可能な事前許可制として通常は機能している。

ただし、愛媛県のように、教育委員会が公立高校の校則を一斉かつ同一の内容に改正させたところは例外的であり、大半の地域では、平成二七年通知への対応は学校の判断に委ねられている。鹿児島県でも、県教育委員会や高校等を所管する市の教育委員会は、生徒の政治活動制限について、基本的には、学校ごとの判断に任せる立場を採っており、実際の対応もある程度分かれている。私立高校については、「建学の精神」に基づいて、学校ごとの特色がより鮮明に出ていることは、言うまでもない。二〇一六年七月頃から現在までの間に私が実施した、鹿児島県内の高校等における生徒の政治活動制限の実態調査によると、平成二七年通知以後の状況は、概ね以下のようになる。

まず、平成二七年通知について、特別な対応を取っていない学校が多くある。既存の「校外活動参加願」などを政治活動の場合にも提出させることで、生徒の校外活動に対する包括的な制限の一環として、政治活動制限を行うことができる。校外で行われる政治集会やデモへの参加や、政治団体への加入を望む生徒は、所定の様式の「願」や「届」を、多くの場合は担任の教諭を経由して、生徒指導部、教頭や校長等の管理職に提出し、その許可を求めることになる。この方式の問題点は、次の新校則の問題点と合わせて、第四章で改めて述べたい。

いくつかの学校は、新校則を制定している。愛媛県教育委員会が「ひな型」として示した「届出制」校則の案文は、校内での選挙運動や政治活動を原則禁止し、校外で選挙運動や政治活動を行う場合には、許可・届出を要する事項として手続をとることが求められ、違法・暴力的なものや生徒の学業・生活に支障がある場合、学校教育の実施に支障がある場合には不許可となり得ることが示されている。鹿児島県内の高校等の新校則の特徴としては、許可や届出を要すると規定するところが少なく、違法・暴力的なものや学業等に支障があるもの、金品授受など公選法違反になり得るものは、より直截に「禁止する」という規定になっていること、違反行為に対しては「処罰」や指導を行うことが併記されていることを指摘することができる。前者については、愛媛県の「届出制」に関する報道が先行していたため、類似する文言を用いることに慎重になったこと、そして、既存の「願」や「届」を活用することで、事前許可制としての運用も十分に可能であることが、その背景にあると思われる。これらの新校則の制定過程では、校長会や教頭会における情報共有や意見交換、生徒指導担当教員の地区協議会における検討や調整も行われており、鹿児島市街地域については、公立私立を問わず、比較的類似した内容や書き振りの新校則が散見される。

平成二七年通知の発出や「届出制」をめぐる報道を契機に、現代日本の高校生の「政治活動の自由」について論じる研究成果が多く出されているが、実際の学校現場がどのような内容のルールを持ち、運用しているのか、という点は、管見の範囲では、これまでほとんど明らかにされてきていない。しばしば沖縄県の政治文化の特殊性が語られるように、選挙や政治についての地域差は確かに存在しており、ここに学校種や教育行政の置かれている状況の違いを加味すれば、政治活動制限の実態にも相応の差異があると思われる。今後は、地域研究も含めた、より実証的な研究の進展も期待したい。

四　高校生の「政治活動の自由」の現在

ここまで見てきたように、現代日本の高校生の政治活動は、学校による包括的な制限の下に服しているることの一環として、全面禁止の発動も留保された、事前許可制の下に依然として置かれ続けている。このことは、憲法によって保障されている「政治活動の自由」や民主主義との関係では、以下の二つの問題と関わっている。

第一に、有権者、政治的主体としての高校生の「二級市民」性を指摘することができる。特に公立高校との関係では、一八歳となった生徒は、高校や教育委員会を含む公権力の正統性の源泉でもある有権者であり、教育行政の責任者やその在り方を信任する側、「選ぶ側」に属している。「選ぶ側」の生徒が、「選ばれる側」に属している学校によって、その「政治活動の自由」を包括的・一方的に制限されている状況は、被治者が治者を選ぶという、民主主義の原則を転倒させている。

政治参加を限定された市民という一八歳の高校生の地位は、一八歳選挙権を実現する改正法（公職選挙法等の一部を改正する法律（平成二七年法律四三号））自体が、これまで「衆議院議員の選挙権を有する者」や「市町村の議会の議員の選挙権を有する住民」に付与されていた裁判員や人権擁護委員への就任資格（裁判員の参加する刑事裁判に関する法律一三条、人権擁護委員法六条三項）などについて、「当分の間」、成年に達した有権者にこれを与える特例を定めていることからも示唆されている。これらの公務就任資格の制限の合理性については、その職責に応じた個別的な検討も必要だが、有権者の中に、年齢や地位に応じた様々な線引きがなされている現状が、過渡的なものに留まるのかどうかを注視していかなければならない。

二〇一六年七月の参議院議員選挙の公示直前の時期に、遠洋実習中の水産高校の生徒が洋上投票をする仕組みが整備されていないことが判明した。不在者投票の制度は、一九二五年の衆議院議員選挙法の全面改正の際に初めて導入（三三条、法施行令二六条）されたが、その背景の一つに、海員（船員）による強い要望があった。このような明治以来の選挙法の伝統からいえば、洋上にある有権者の投票の機会を確保することには、最大限の注意が向けられなければならない。二〇〇七年の日本国憲法の改正手続に関する法律（平成一九年法律五一号）の制定から約一〇年間もの準備期間があったにもかかわらず、このような実習船問題が起こってしまったことは、平成二七年通知や新校則の制定など、高校生の政治活動の制限のために相当の労力が投下されたことに比べて、高校生の政治参加の機会を確保することには、あまり真剣な注意が向けられてこなかったことを示唆している。[9] 我々は、高校生を含む一八歳や一九歳の若者を、本当に有権者としての同輩として受け入れているのだろうか。

第二の問題は、校則による政治活動の制限が、生徒という身分、学校の在籍者性に基づいて正当化されていることである。高校生の非有権者性と未成年者性が緩和されていく中で、校則による制限を維持するために、学校はその管理権者としての地位にますます依存を深めていく可能性も否定できない。「うちの生徒は有権者である前に、わが校の生徒です」という学校現場の発想は示唆的である。一応は選択可能な地位、身分に基づいて、その包括的な権利制限を正当化しようとする傾向は、公務員の政治活動制限などの領域でも顕著である。職種や職務上の権限を問わず、全ての国家公務員の政治活動（政治的行為）を禁止・処罰する日本特有の公務員法制は、二一世紀の現在でも維持されている。日本における身分従属的な権利観の一例として、生徒の政治活動制限の問題を位置付けることも可能だろう。

平成二七年通知に対応した鹿児島県内の高校の新校則の内容上の問題についても、二点指摘しておきたい。まず、「届出制」や事前許可制を運用するにせよ、禁止・処罰にあたって生徒指導部が生徒の政治活動の実態を調査するにせよ、生徒が校外で行う政治活動の内容を学校や教員が把握することが必要になるため、学校教育とは直接の関連性が無い部分も含めた、生徒の政治的プライバシーを侵害する恐れがある。また、「家庭の理解の下」で行われる政治活動に対して許可や届出を求める場合、生徒の保護者や親族、地域住民などの生徒本人以外の政治的プライバシーや宗教的プライバシーに関わる情報を、学校が入手、管理することになる。「届出制」の運用にあたっては、政治活動に関わる情報を取り扱う教員を限定することや、入手した情報の目的外利用がなされないような管理・廃棄の厳格な手続を定めることが必要だろう。そもそも、こうした政治的プライバシーに関わる機微な情報の把握が、学校教育との関係で本当に必要なのかどうか、再検討の余地もある。

第二に、鹿児島市街地域の少なくない数の高校の新校則のように、公職選挙法などの一般の法令に違反する行為が、校則の中でも重ねて禁止・処罰の対象とされていることの帰結が問題になり得る。こうした規定があえて置かれているのは、「主権者教育」のための副教材や指導用資料などの中で、公選法違反の事例が、半ば威嚇的に詳述されているためだろう。公選法による規制（例えば、戸別訪問の禁止（一三八条）や文書図画頒布の規制（一四二条））が、「政治活動の自由」を保障している日本国憲法との関係で、どこまで許容されるべきなのかという、公選法の規定自体の憲法適合性の問題は、ここでは触れない。ここで問題にされるべきなのは、警察や司法によって行われる公選法違反の捜査や処罰とは別に、学校が生徒の選挙運動や政治活動を「処罰」しようとする場合、生徒指導部や担任が、生徒の政治活動や選挙運動が適法なものかどうかを逐一調査・判断したり、ときには違反行為の通報を受け付けたりしなければならない、ということである。そうしたことが、現状の学校現場の能力で可能なのか、本当にそこまでするつもりがあるのか、もしそうでないならば、一般社会のルールをあえて校則に再規定する必要性があるのだろうか。第一の問題点とも関連して、新校則の規定の一部は、学校の教育機関としての本分を踏み越える内容になっている可能性が高い。

五　今後の展望：学校と社会の相似性

いずれにしても、「高校紛争」や昭和四四年通知といった当時の特有の時代状況を背景とした、包括的・一方的な規制をそのまま維持することは、憲法の保障する「政治活動の自由」や民主主義の観点からいっても、また、若い世代の政治参加を促進するという一八歳選挙権実現の背景からいっても、現在では適切とは言えない。法令が、必要に応じて、随時、改正や廃止などのメンテナンスをされているのと同様に、学校という共同体、組織体（institution）において児童・生徒が守るべきとされている校則もまた、時代や社会情勢の変化に合わせて、適切かつ継続的にメンテナンスされていく必要がある。最後に、今後の課題として、校則のメンテナンスに関わる問題を指摘しておきたい。

冒頭に掲げたような、政治活動を全面禁止する校則を持つ学校が、現在でも、生徒の様々な政治的・社会的活動を実際に禁止・制限しているとは限らない。第四章でも述べたように、政治活動の制限を学校現場が実際に行うときには、事実上高いハードルがある。そうした学校では、政治活動に関する禁止や許可、届出のルールは形骸化している。新校則を制定した高校の中にも、平成二七年通知や他の学校の校則を参考に新たな規定を作ったものの、運用の方針がまだ定まっていないところや、新校則は形式的なもので、実際の指導はケースバイケースで行うことを決めているところもある。規制の死文化、形骸化は、一面では、自由の領域を広げるものであるから、歓迎されるべきものかもしれない。他方で、規制の権限は留保されたままであることには変わりはなく、加えて、新旧の校則のような明文のルールと、実際のルールとの間に隔たりがあることは、そのこと自体重大な問題である。初等中等教育の最終段階である高校におけるルールが、そのときどきの事情や「空気」に左右され、社会情勢の変化に合わせた適切なメンテナンスもなされていないとするなら、卒業していずれ社会に出る生徒たちが、一般社会のルールもそうしたものとして受容する可能性は、決して低くはないだろう。確かに学校という特殊な組織体には、相応の、特有の秩序が認められる余地がある。しかしながら、高校におけるルールは、在籍する生徒の発達段階やすでに述べたような教育機関としての特質をふまえれば、規範の内容やメンテナンスの継続性といった点で、より一般社会のルールとの相似性が高いものでなければならないだろう。

第三章で言及した南日本新聞の調査結果では、二〇一六年の参院選の公示直前の時点でも、校外での政治活動に届出が必要かどうかは「検討中」とする学校の割合が、一〇七校のうち七一校と、七割近い数にのぼっていた。地方紙の報道を見る限りでは、鹿児島県以外の地域でも、ほぼ同様の傾向が推認される。学校の「非政治化」の進展、完成は、当事者である生徒だけではなく、教員や保護者、文教政策の担当者にも影響を及ぼしており、新校則の見直しやそのメンテナンスのための取り組みを困難にしているのではないだろうか。生徒の権利制限についての規範的な教訓を引き出しうる「高校紛争」の時期の経験談や、「校則訴訟」の事例は、あるとき、どこかで、こうした問題があったらしい、という単なるエピソードのように学校現場では把握されているのかもしれない。[10]

選挙運動や政治活動は、それが生徒によって行われるものであっても、学校の中だけではなく、外部である地域社会とも必然的に関わりを持つことになる。こうした社会的、公共的な問題については、学校の中だけではなく、より社会に開かれたかたちでの検討が今後は進められるべきだろう。例えば、いじめ問題については、二〇一三年のいじめ防止対策推進法（平成二五年法律七一号）の制定以降は、学校の中だけでいじめへの対応を完結させることは許されず、いじめ防止基本方針の策定と公表（一一条）や学校設置者への報告（二三条）、保護者や地域住民、児童相談所などとの連携（八条）が求められている。新学習指導要領で導入が検討されている高校公民科の新科目「公共」（仮称）においては、弁護士やＮＰＯ関係者など、外部の専門家の活用も提言されている。二〇一五年のＬＧＢＴの児童生徒への配慮を求める文部科学省の通知（「性同一性障害に係る児童生徒に対するきめ細かな対応の実施等について」）は、一般社会における権利や平等の論理が、学校の中でも、むしろ、学校の中でこそ、より実効的に通用するべきということも示しているのではないだろうか。

「べからず集」とも揶揄される公選法による選挙運動の複雑な規制や、市民の表現活動が「政治的中立性」の維持を理由に制約されるなど、現代日本においては、一般社会の側でも、「政治活動の自由」が十分に確保されているとは言い難い。[11] 学校は市民社会を映す鏡であり、高校生の「政治活動の自由」は、個々の学校や教員、生徒だけではなく、私たちの権利や民主主義社会にも関わる、より公共的な問題でもあることを再認識し、より開かれた環境での議論が今後は望まれる。

注

(1) 選挙権年齢を一八歳に引き下げたことの理由（立法事実）については、諸外国の選挙権年齢との比較に基づく国際標準論や、若者の成熟論、憲法改正の足掛かり論などが指摘されているが、若者の政治参加の促進も、主要な理由の一つとして挙げられることが多い。

(2) 拙稿「高校生の「政治活動の自由」とその制限の許容性：政治活動の「届出制」についての実態調査もふまえて」鹿児島大学教育学部研究紀要（人文・社会科学編）六八巻一七頁（二〇一七年）を参照。なお、このような学校の内外で生徒が順守するべきルールは、実際には、「生徒心得」や「生徒会申合事項」などの名称であることも多いが、本稿では便宜的に全て「校則」と呼称している。

(3) 「学生、生徒」の選挙権制限は、納税要件の緩和を含む第一二議会における選挙法改正の政府案や、選挙権年齢の成年者（二〇歳）への引き下げを含む第一三議会における政府案の中でも提示されていた。

(4) 結城忠『高校生の法的地位と政治活動：日本とドイツ』（エイデル研究所、二〇一七年）八六-八八頁を参照。

(5) 国民教育研究所編『資料と解説：高校における政治的教養と自主的活動（下巻）』（明治図書出版、一九七〇年）を参照。

(6) 小林哲夫『高校紛争1969-1970：「闘争」の歴史と証言』（中央公論新社、二〇一二年）を参照。

(7) 市川須美子『学校教育裁判と教育法』（三省堂、二〇〇七年）を参照。また、「校則訴訟」は、幸福追求権の性質をめぐる一九九〇年代の憲法学界の議論にも素材を提供した。戸波江二「幸福追求権の構造」公法研究五八号一頁（一九九六年）一六頁も参照。

(8) 安原陽平「生徒の政治的自由・教師の政治的自由：教育と権力の関係からの考察」法学セミナー七三八号五五頁（二〇一六年）、中川律「高校生の政治的活動：文科省の新通知の問題点」時の法令二〇〇七号四四頁（二〇一六年）、同「学校での政治教育の仕組みは、どうあるべきか?」時の法令一九九四号四七頁（二〇一六年）などを参照。

(9) 在外邦人の選挙権行使を制限していた公職選挙法の規定を違憲とした最大判平成一七年九月一四日（民集五九巻七号二〇八七頁）など、最高裁も選挙権行使の機会の確保を重要視している。

(10) 近時の例として、大阪の公立高校の「黒染め強要」をめぐる事件では、生まれつき茶色い髪を黒く染めることを強要されたために不登校になったとされる生徒が、クラス名簿にその氏名を掲載されていなかったことが報道されている。このことは、政治活動や政治結社への加入を理由になされた退学処分の憲法適合性や合法性が争われた昭和女子大事件（最判昭和四九年七月一九日（民集二八巻五号七九〇頁））において、大学側が原告学生らの氏名を、正式な退学処分に先駆けて、出席簿から殊更に抹消していたことを想起させる。

(11) 後者の「政治的中立性」をめぐる現代日本の問題状況については、別稿（「表現の自由と「政治的中立性」」韓永學・大塚一美・浮田哲編『権力VS市民的自由：表現の自由とメディアを問う』（花伝社、二〇一八年三月刊行予定））を予定している。

沖縄の経済政策と法

伊達竜太郎

伊達　竜太郎・だて　りゅうたろう
所属：法学部　法律学科　准教授
主要な学歴：米国イリノイ大学ロースクール修了、筑波大学大学院博士後期課程単位取得退学
学位：LL.M.、修士（法学）
所属学会：日本私法学会、国際取引法学会、国際取引法フォーラム、日本法政学会、九州法学会、筑波大学商事法研究会、関西企業法研究会、沖縄法政学会、沖縄経済法研究会
主要な職歴：米国イリノイ大学ロースクール客員研究員、英国シェフィールド大学客員研究員、税務大学校非常勤講師、沖縄大学非常勤講師等を経て、二〇一二年四月一日より現職
社会的活動：独占禁止法政策協力委員（公正取引委員会より委嘱・二〇一五年～）
※役職肩書等は講座開催当時

一　沖縄の経済政策と沖縄振興

1　沖縄振興策

「沖縄振興策」といっても、幅広いメニューが用意されている。平成二九年度の沖縄振興予算を概観しても、例えば、沖縄産業イノベーション創出事業、沖縄離島活性化推進事業、沖縄子供の貧困緊急対策事業、那覇空港滑走路増設事業、沖縄振興一括交付金、沖縄科学技術大学院大学、交通環境イノベーション事業推進調査などが存在しており、他にも多種多様な振興予算を提供している。このような予算を元にして、沖縄県庁・沖縄総合事務局・各市町村などの部署ごとに派生して業務を行うことになる。

2　沖縄振興特別措置法（沖振法）

「沖縄振興特別措置法（平成一四年法律第一四号）」が、沖縄の経済政策の根拠条文である。まず初めに言及したいのが、この「沖縄振興特別措置法」という法律名について、私見としては、「沖縄振興法」への変更、すなわち、「沖縄振興特別措置法」から「特別措置」の言葉を除く改正を提言したい。なぜなら、①「沖縄振興特別措置法」のままだと、沖縄のために特別な措置を講じることを強調した法の名前で、一〇年限定で特別に認めている色彩があるからであり、②「沖縄振興法」に改正し、沖縄振興を推進することにより、日本全体の経済活性化を図るための突破口にすることを明確にしたいからである。

また、他の観点からの私見としては、「沖振法の恒久法化」を提言したい。実は、現在、沖振法は一〇年の時限立法であり、一〇年ごとに見直し作業を行うが、その時々の日本政府と沖縄間の関係によって、左右されかねない状況である。実際に、沖縄関係税制の延長幅が、五年から二年へ縮減された最近の事例も踏まえると、沖振法への影響も想定されるであろう。

3　沖縄振興計画

(1) 沖縄振興開発計画から沖縄振興計画への経緯

沖縄県では、本土復帰を果たした一九七二年から二〇〇一年までの三〇年間で、第一次から第三次までの「沖縄振興開発計画」が行われた。そこでは、「本土との格差是正」などを目的に、沖縄県の開発を主眼とする社会資本整備などが行われた。第一次振興計画の主要事業は「沖縄国際海洋博覧会」であり、観光客流入の増加とともに、那覇空港などのハード事業で国からの高率補助制度により、基盤整備が急速に進んだ。第二次振興計画では、沖縄コンベンションセンターや県立芸術大学の建設、第三次振興計画では、平和祈念公園や那覇空港ターミナルビル建設などの公共工事が数多く行われ、二〇〇〇年の「沖縄サミット」も開催された。このように、一九七二年五月一五日の沖縄の本土復帰に伴って創設された「沖縄振興開発特別措置法（昭和四六年法律第一三一号）」を基に巨額の財政資金が投入され、社会資本の整備・県民生活の向上・経済成長などで成果を得ていた反面、公共主導型経済となり、自立型経済の方向と相反する状況も生まれていた。

その後、二〇〇二年から二〇一一年までの第四次振興計画においては、重要な転換期にあたり、従来の「沖縄振興開発計画」から「開発」の文言が抜けて、「沖縄振興計画」へと名称が変わり、「民間主導の自立型経済の構築」が基本方向の一つとして位置付けられて、施策の展開が図られた。このような名称変更に基づく法改正は、「沖縄県の開発」という側面から、「自立型経済」を目指す方向へ舵を切ったと言える。二〇〇二年の振興計画では、金融関連や情報産業関連で「特区制度」が新たに創設されたことに伴い、県外や海外からの民間資本流入を目指していた。本土復帰から第四次振興計画までの四〇年間に、国から沖縄県への振興予算が一〇兆円にも上っており、基盤整備・就業者数の増加・観光産業の成長などにおいて、一定の成果を上げたと言える。しかし、雇用を創出する有力な地域産業は未だ十分ではなく、公費依存体質・県民所得の向上・失業率の改善などの課題は残されたままである。

(2) 沖縄振興特別措置法と沖縄二一世紀ビジョン基本計画（沖縄振興計画）の概要

このような状況の中、沖振法の重要な改正が行われた。二〇一二年度から一〇年間の沖縄振興の指針となる「改正沖振法案」と「軍用地跡地利用推進特措法案」が、二〇一二年三月三〇日の参議院本会議において全会一致で可決・成立し、同年四月に施行された。これに伴い、新たな沖縄振興計画となる「沖縄二一世紀ビジョン基本計画（沖縄振興計画）」が、同年五月に公表された。沖縄二一世紀ビジョン基本計画は、沖振法四条に基づく「沖縄振興計画」としての性格を有している。

また、本土復帰から第四次振興計画までの従来の振興計画は、国が政策を立案して、国が責任を持って実行してきた。しかし、二〇一二年の振興計画からは、従来の振興計画と異なり、沖縄県が初めて主体的に策定して、沖縄県が実行主体となるという新たな振興計画である。これは、「沖縄県主導型の沖縄振興」への歴史的な転換である。すなわち、二〇一二年の沖振法改正に伴い、①「沖縄振興計画」の策定主体を国から沖縄県に移行するとともに、②より自由度の高い「沖縄振興一括交付金制度」が創設され、③産業振興に資する税制優遇措置を伴う地域指定制度（「経済特区」など）の創設・拡充などが行われて、沖縄の優位性を生かした主体的な施策展開を可能としている。

なお、振興の主体が沖縄県となり、施策運営の自由度は増したが、新たな振興策の達成に向けて、制度を活用する沖縄県や市町村の政策立案能力と実行力の真価が問われてくる。それと同時に、「内閣総理大臣は…提出された沖縄振興計画が基本方針に適合していないと認めるときは、沖縄県知事に対し、これを変更すべきことを求めることができる（沖振法四条七項）」として、国による一定の関与は残っている。適正な制度運用の観点から、国の関わり方によって、沖縄県の自由度が縛られないかも注目すべき点であろう。沖縄県の裁量の余地が広がり自由度を高めたことで、地元の特性に合った産業振興がやりやすくなる反面、今後は、沖縄県が、自己責任で施策展開することをより意識する必要もある。

二　経済特区[1]

1　経済特区の概要

経済特区（Special Economic Zone: SEZ）とは、一定の地域を指定して、その地域において他地域とは異なる税制（優遇税制）や規制（規制緩和）などの定めを設けて、地域経済の発展、ひいては国民経済の発展に寄与するものである。[2]ある地域を一定の範囲に区切って、他地域と異なる規制体系などを設けることで、特例措置を行う一国二制度的な要素を含む地域となる。そして、経済特区の性質により、（一）税の軽減・減免を用いる「保税特区（税制緩和特区）」・（二）税制以外の規制緩和措置をとる「規制緩和特区」・（三）両者の機能を併せ持つ「税制・規制緩和特区」に分類される。[3]

わが国の経済特区は、主に、①「沖縄経済特区（構造改革特区以前）」・②二〇〇二年に生まれた「構造改革特区」・③二〇一一年に始まった「総合特区」・④二〇一三年に創設された「国家戦略特区」のように分類される。ここで、例えば、①沖縄経済特区は「（一）保税特区」に、②構造改革特区は「（二）規制緩和特区」に、③総合特区と④国家戦略特区は「（三）税制・規制緩和特区」に分類されると思われる。

沖縄の経済特区という場合、①沖縄経済特区（構造改革特区以前）と④国家戦略特区（観光特区）に基づくものがある。この二つの経済特区は、①沖縄振興特別措置法と④国家戦略特別区域法というように、そもそも根拠法が異なることに注意を要する。

④国家戦略特区は全一〇地域が指定されており、「岩盤規制改革の突破口」「日本経済の成長エンジン」がキーワードである。沖縄の国家戦略特区は、「沖縄県 国際観光イノベーション特区」という名称である。しかし、沖縄の国家戦略特区は、活用事例が四件と少なく、指定取消のおそれも噂されている。今後、沖縄県は、農業分野への外国人労働者の受け入れや農用地内での農家レストラン運営について申請する意向のようである。

なお、本稿では、国家戦略特区をめぐる議論は最小限にとどめ、主に、沖振法に基づく経済特区の観点からの議論を展開していく。

2 沖縄経済特区の概要

沖縄経済特区は、一九七二年施行の沖縄振興開発特別措置法と、一九九八年の同法改正により、「自由貿易地域」とそれを拡充した「特別自由貿易地域」が指定された。さらに、二〇〇二年には、構造改革特区に先駆ける形で、情報通信産業特別地区（情報特区）と、金融業務特別地区（金融特区）が設置された。そして、二〇一二年の沖振法改正に伴い、「国際物流拠点産業集積地域（物流特区）」の制度が創設された。その後に、二〇一四年の沖振法改正に伴い、「金融特区」の制度を抜本的に見直して、「経済金融活性化特別地区（経済金融特区）」を創設した。

このような法改正の変遷などはあるものの、現在、沖縄県には三つの経済特区、すなわち、（図

表1）にもあるように、「情報特区（沖振法二八条～三一条）」、「物流特区（沖振法四一条～五二条）」、「経済金融特区（沖振法五五条～五九条）」がある。沖縄県における経済特区構想の目的は、企業誘致と起業を促進することによって、「若年者の雇用拡大」と「地域の活性化」などを目指すことが挙げられる。(4)

ただし、沖縄県の経済特区は、従来から、必ずしも十分に機能しているとは言えないという指摘があった。例えば、経済特区内の企業立地数が、目標の半分にも到達せずに、新規雇用がさほど進んでいないという批判である。(5)そこで、このような批判に応えるべく、二〇一二年と二〇一四年の沖振法改正により、経済特区の制度に重要な変更点があった。二〇一二年改正では、沖縄県の産業振興に向けて、物流特区の創設に加えて、従来の情報特区と金融特区の企業認定要件が緩和され、税制優遇の拡充などが行われた。二〇一四年改正では、経済金融特区の創設に加えて、物流特区と情報特区について、地域・地区及び対象事業者の指定権限を沖縄県知事に移譲した。

経済特区の地域内の企業は、一定の要件を満たせば、法人税課税所得の四〇％控除などという国税の優遇措置を一〇年間受けることができる。法人税の所得控除については、二〇一二年の沖振法改正において、沖縄県の経済特区への新規進出企業を対象に、従来の三五％から四〇％に引き上げられた点が重要である。二〇一二年改正は、アジア諸国との競争を意識したものであろう。

このような国税の優遇措置以外にも、地方税の優遇措置・通信コストの低減化支援・低廉な料金での最新鋭オフィスの提供・沖縄若年者雇用促進奨励金・人材育成支援に対する各種助成金などの多くの企業誘致策が講じられている。

　また、沖縄県には、これらの経済特区以外にも、特区的な地域として、税制優遇措置や各種支援策が講じられている三つの地域、すなわち、（図表1）にもあるように、「観光地形成促進地域（沖振法六条〜一一条）」、「情報通信産業振興地域（沖振法二八条・三一条〜三四条）」、「産業高度化・事業革新促進地域（産業イノベーション地域）（沖振法三五条〜四〇条）」がある。

　なお、沖縄経済特区と言及する場合、広義な意味においては、このような特区的な地域も含まれる。ただし、本稿では、便宜上、最初に言及した三つの経済特区（物流特区・情報特区・経済金融特区）、すなわち、狭義な意味での沖縄経済特区を中心に議論を展開していく。

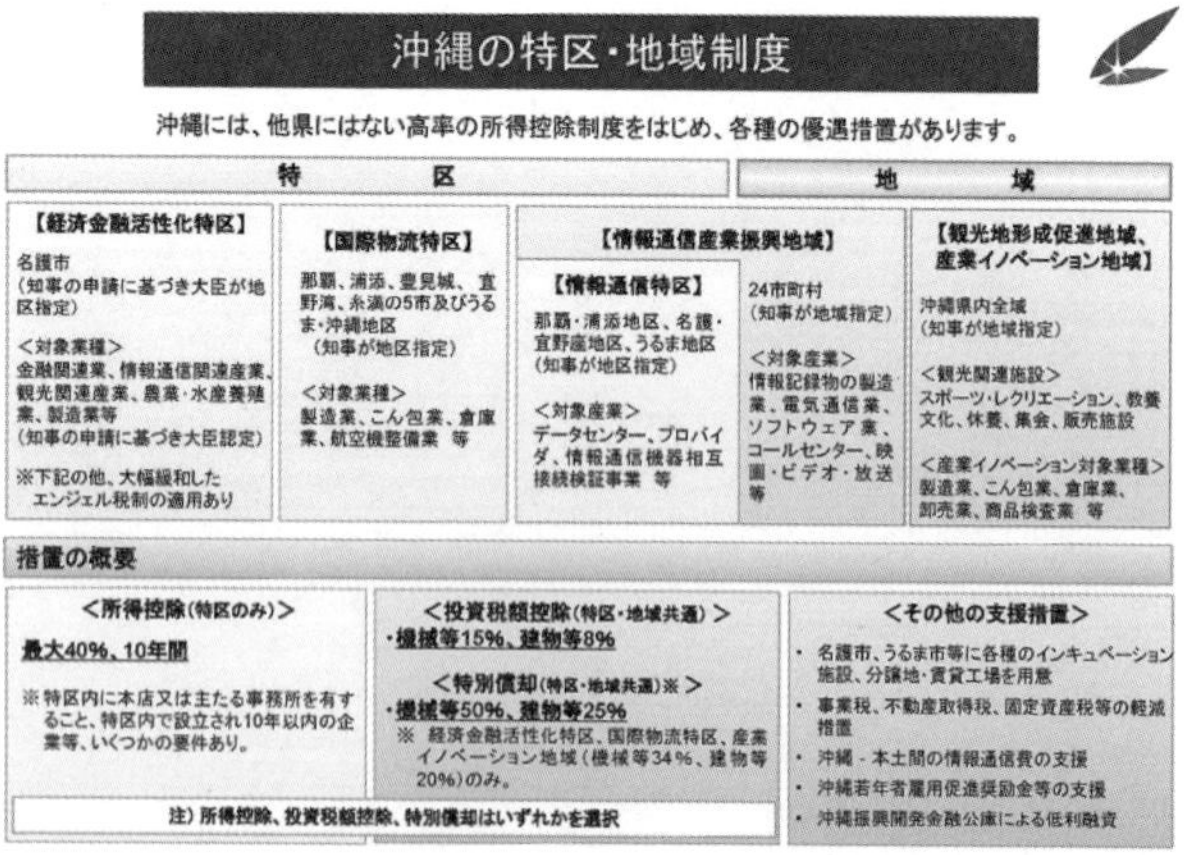

（図表1）沖縄振興特別措置法に基づく沖縄の特区・地域制度(6)

3　沖縄経済特区（物流特区）

⑴ 物流特区の概要

二〇〇七年七月五日に、沖縄県とＡＮＡ（全日本空輸株式会社）との間で、「沖縄貨物ハブ構想」に基づいて、「那覇空港の国際物流拠点形成に関する合意」が締結され、二〇〇九年一〇月より、那覇空港を基点として、沖縄県との協業での事業展開がスタートしている。沖縄県が新たな基幹産業として整備を進めるのが、国際物流ネットワークで中心に位置する集線装置としての「アジアの国際物流ハブ構想」である。東アジアの中心に位置するという地理的特性を生かした上で、人・モノ・金に情報を加えた「アジアのハブ」として、沖縄経済を活性化させる戦略である。

このような状況で、「物流特区」は、沖縄の地理的優位性を活かし、アジア主要都市を結ぶ国際物流拠点形成を図りつつ、高付加価値なモノづくり企業や物流企業などの新たな臨空・臨港型産業の集積を目指すため、二〇一二年の沖振法改正で、沖振法四一条～五二条に基づき新設された特区である。物流特区は、既存の自由貿易地域（那覇市）と特別自由貿易地域（うるま市）を統廃合する形で、那覇空港・那覇港・中城湾港周辺で企業誘致を図る特区として創設された。物流特区は「開港又は…税関空港であって、相当量の貨物を取り扱うものに隣接し、又は近接している地域であり、かつ、国際物流拠点産業の用に供する土地の確保が容易である地域（沖振法四一条）」が対象である。二〇一四年の沖振法改正では、対象地域として、「那覇・浦添・豊見城・宜野湾・糸満地区」と、「うるま・沖縄地区（うるま市と沖縄市の一部）」の二地区七市にまで拡大している。今後は、地域周辺への企業誘致をさらに促進し、物流ハブにふさわしい機能強化を図る取り組みが求められる。

対象事業者は、貿易やこれに関連する事業を行う者である（沖振法四三条一項・沖振法施行令一五条など）。対象業種は、従来から自由貿易地域と特別自由貿易地域で行われていた、製造業・卸売業・倉庫業・こん包業・道路貨物運送業に加えて、二〇一二年の沖振法改正からは、特定の無店舗小売業（eコマース）、特定の機会等修理業（リペアセンター）、不動産賃貸業（一定規模の貸倉庫）、二〇一四年の沖振法改正からは、航空機整備業を新たに事業として運営できる（沖振法三条一一号・沖振法施行令四条の二など）。同地域内の企業は、一定の要件を満たせば、関税法上の保税地域に該当し、空港・港湾の物流機能を活用した事業を展開する事業者に対して、地域内での設備投資に係る投資税額控除や法人税課税所得の特別控除などの優遇措置が適用される。

(2)那覇空港を中継拠点としたANAとヤマトグループなどの動向

成田空港経由の航空貨物輸送は、深夜の通関体制がなく、夜一一時以降の深夜発着ができないなどの課題がある。そこで、二〇〇七年以降に、ANAは、沖縄の那覇空港を「アジアの物流ハブ」にするとして動き始めている。那覇空港を活用する理由としては、①那覇空港の通関体制が二四時間、②本土とアジアの主要都市に飛行機で四時間以内に到着できる地理的優位性、③国際物流特区における法人税四〇％控除や投資税額控除などのメリットが享受できるからである。新たな国際航空貨物ネットワークの構築は、輸出の拡大・新たな産業の集積・雇用の拡大などの大きな経済効果が期待され、沖縄県もＡＮＡの国際物流事業を支援している。

このような状況の中、宅配便最大手ヤマトグループは、二〇一二年六月、国際宅配便などの取り扱いにつき、那覇空港の国際航空物流拠点を活用すると公表した。[(7)] ヤマトとＡＮＡが連携した「国際クール宅急便」により、例えば、香港からインターネットで注文された北海道のタラバガニや長野産のリンゴなどを、翌日に香港の家庭に届けることが可能となる。ヤマトの参入は、沖縄県やＡＮＡが描く国際物流ハブ構想を軌道に乗せ、貨物集積に付随する流通・加工サービスという新ビジネスや雇用の創出などにおいて、沖縄経済への波及効果も大きいと言える。

また、二〇一三年八月から、那覇空港に隣接する物流特区内にある、ヤマトの物流センターにおいて、東芝自動機器システムサービス（大手電機メーカー東芝の子会社）が、パーツ（部品）センターの運用を始めている。[(8)] 那覇空港を起点とするＡＮＡの国際物流ハブと、ヤマトの物流・輸送網を活用し、東芝が取り扱う製品の関連部品の集積を進めている。さらに、二〇一五年一一月からは、ヤマトの新たな物流拠点「沖縄グローバルロジスティクスセンター（サザンゲート）」が本格稼働している。[(9)] サザンゲートにおいては、パーツセンターや在庫管理センターなどを集約し、那覇空港の国際物流ハブ機能を生かした多機能型物流倉庫として、輸送時間の短縮や輸送費用の圧縮などを目指して、付加価値の高い物流サービスを提供し、沖縄のハブ機能強化を目指している。

そして、二〇一三年からは、「楽天」や「Yahoo!」のようなインターネット通販会社の沖縄物流ハブ事業への参加も相次いでいる。[(10)] ネット通販の楽天市場は、初の生鮮食品海外販売を始めており、ヤフー香港は、日本全国の特産品が購入できる新たな取り組みを進めており、その輸送として、沖縄の物流ハブを活用している。

那覇空港の貨物便の就航地点は、二〇一七年八月現在で、成田・羽田・中部・関西空港の国内四空港と、ソウル・青島・上海・広州・香港・バンコク・シンガポール・台北・アモイのアジア主要九空港の国内外一三地点を深夜便でつないでいる。アジアの各主要都市の工場から夕方に出荷された荷物を、翌朝に日本の工場に届けることも可能となった。那覇空港に一旦集荷された貨物を短時間で効率的に積み替えて、目的地へ迅速に輸送する高速輸送ネットワークが構築されつつある。

このように企業の進出が蓄積する中で、二〇一四年末時点で、物流特区の立地企業数が、旧うるま地区の四三社と旧那覇地区の一七社で合計六〇社、雇用人数が旧うるま地区の五九九人と旧那覇地区の二六三人で合計八六二人に達している。[11] 那覇空港の国際貨物取扱量は、サービス開始前の二〇〇八年の年間約一九〇〇トンから、二〇一四年は約一〇〇倍の約一八万五〇〇〇トンにまで増加し、現在では成田空港・関西空港・羽田空港に次ぐ日本第四位の規模に拡大している。今後、沖縄県は、さらなるアジアの国際物流ハブ構想を促進すべく、那覇空港第二滑走路の増設事業の工事を完了させると同時に、湾港などの海運施設の整備も進める計画である。那覇空港滑走路の増設事業は、二〇一九年度末までに工事を完了させる計画であり、二〇二〇年の東京オリンピックに間に合わせることで、沖縄へのさらなる観光客を迎えることと、貨物を取り扱う体制が整うことになる。

また、航空輸送は、商品などを速く運べるが、他方で、海上輸送に比べてコストが高く、航空輸送の運賃は、船上輸送より一〇倍以上も高いと言われる。航空輸送の主な荷物は、半導体部品・自動車部品・精密機械などの機械類・高級食材などの高付加価値商品であるが、往復それぞれの便で、これらの商品をどのように確保して輸送できるのかということが今後の課題と言えよう。

なお、二〇一二年の沖振法改正前の時点では、沖縄経済特区で要件を満たして、国税の税制優遇措置の適用を受けていた企業は一社もなく、沖縄経済特区の存在自体に批判が浴びせられていた。しかし、二〇一二年の沖振法改正により物流特区が創設されたことによって、二〇一五年六月時点で、うるま市の事業認定企業が五社と、那覇市の事業認定企業が一二社という合計一七社の企業が、物流特区の認定企業として、税制優遇措置を受けている。このような側面だけを取りあげても、物流特区の創設が、画期的な法改正であったことが理解できる。

4　沖縄経済特区（情報特区）

情報通信関連産業は、一九九八年の「沖縄県マルチメディアアイランド構想」や沖縄振興計画などに基づき、関連企業の誘致が進んでいる分野である。県外との距離というハンデをなくし、若年者雇用にもつながる情報通信産業は、沖縄県の基幹産業として着実に発展している。沖縄県は地震が少ないために、災害のリスク分散に対応したサーバーなどを設置するデータセンターの立地や重要データのバックアップ拠点に適している。国際的なネットワーク展開の中で、沖縄県の情報通信産業が発展するように、情報通信基盤や企業立地のための施設などのＩＴ（情報技術）インフラ整備が取り組まれてきた。そこで、沖縄県の基盤産業である観光業は六〇〇〇億円規模に対して、IT産業は四〇〇〇億円規模にまで拡大しているとも言われる。

まず、情報特区とは、情報通信関連産業の集積の牽引力となる特定情報通信事業者の集積を促進することを目的とした沖振法二八条~三一条に基づく特区であり、二〇〇二年四月に施行された沖振法において初めて創設された制度である。情報特区内の企業は、一定の要件を満たせば、法人税課税所得の特別控除などの優遇措置が適用される。

情報特区に指定されている地域として、二〇一二年の沖振法改正前は、「那覇・浦添地区」と「名護・宜野座地区」であったが、二〇一二年の沖振法改正により、「うるま地区」が対象地域として追加されており、現在は三地区五市村にまで拡大している。「うるま地区」は、アジアとわが国の架け橋(津梁)となる新たな情報通信産業集積拠点の形成を目指して整備が進められている「沖縄IT津梁パーク」や「沖縄県工業技術センター」の中核施設のさらなる活用を念頭に置いている。

従来の対象業種は、データセンター、インターネット・エクスチェンジ、インターネット・サービス・プロバイダーであったが、二〇一二年の沖振法改正により、バックアップセンターとセキュリティーセンター事業を、二〇一四年の沖振法改正により、情報通信機器相互接続検証事業を追加している(沖振法三条七号・沖振法施行令二条など)。ただし、沖縄県が強く求めていた情報特区の対象事業のさらなる拡大は実現しなかった。実際は、データセンターだけではなく、システム開発やソフトウェア開発を並行して取り組む企業が多くなっており、そのような業種への対象事業の拡大を沖縄県は希望していた。企業進出の入り口で業種を一定程度、制限されている状況は、二〇一二年の沖振法改正前と変わらない。[12] 将来的には、企業のニーズに即したより幅広い業種の事業を追加することが求められる。

なお、沖縄県内へ新規に進出した情報通信関連企業数は、二〇〇二年の五二社から、二〇一七年一月現在では四二七社に増加し、新規雇用者は、二〇〇二年の四八九九人から、二〇一七年の二八〇四五人へと大幅に増加している。[13] 業種別では、ソフトウェア開発業が一四九社、情報サービス業が八八社、コールセンター業が八一社、コンテンツ制作業が七六社などとなっている。沖縄県の充実した支援制度・豊富で若い労働力・日本とアジアを結ぶ地理的優位性などで企業立地が増えている。これらのことから、沖縄県にある経済特区の中でも、企業進出数や新規雇用者数の規模から見ると、情報特区は最大の成功事例と評価されよう。

ただし、雇用者数で七割強を占めるコールセンターは、派遣社員・パートタイマーなどの非正規雇用者が約八割を占める。正規雇用者の数が大幅に増えてはおらず、雇用対策として十分に機能しているかどうか疑問の余地はある。最近は、コールセンター進出の流れから、コンテンツ制作やソフトウェア開発などのように、より付加価値の高いＩＴ企業の進出が促進されつつあり、今後のさらなる企業進出と正規雇用者の増大が望まれる。

情報特区の事業認定法人は、沖振法三〇条一項の規定に基づく事業の認定が行われており、同条三項の規定により公表されている。事業認定法人は、①二〇一五年二月三日に認定を受けた「株式会社オキット」[14]、②二〇一五年一一月五日に認定を受けた「ユーマーク株式会社」[15]の二社である。

5　沖縄経済特区

(1) 経済金融特区の概要（経済金融特区）

まず、金融特区は、沖縄県の産業の振興を目指し、金融関連企業の集積及び高度化を図るために、沖振法五五条〜五九条に基づき指定された特区であり、二〇〇二年に施行された沖振法において創設された制度である。「名護市」が金融特区に指定され、特区内の企業は、一定の要件を満たせば、法人税課税所得の特別控除などの優遇措置が適用される。対象業種は、銀行業・保険業・金融商品取引業など（二〇一四年改正前沖振法三条一四号・沖振法施行令五条など）が指定されていた。

金融業などは、基本的にモノの輸送を伴わず、近年格段にコストが低下している情報通信を活用できるため、遠隔性や市場規模に阻害されることがなく、沖縄県に適した産業である。特に、金融特区では、「金融」を産業と捉え、金融関連産業を沖縄県に集積させて、金融業務の新たな展開を支援して、国際的な金融市場の一大拠点を形成するという、従来のわが国にはなかった発想に基づく構想であった。[16] アイルランドの首都ダブリンにある「国際金融センター」が、沖縄の金融特区のモデルとされた。[17] これまで、名護市は、マルチメディア館・みらい一〜四号館・インキュベーション施設などのレンタルオフィスを整備し、道路や通信などのインフラを含めた企業立地基盤のさらなる整備を推進している。

このように金融特区の制度が進展する状況で、後述するように、従来の経済特区における唯一の認定企業が撤退したことで、沖振法改正の必要性が主張されていた。そこで、二〇一四年七月に、従来の金融特区の①金融関連産業に加えて、②情報通信関連産業、③観光関連産業、④農業・水産養殖業、⑤製造業などの合計五業種にも対象産業を広げる形で、「経済金融特区」の制度が新たに創設された。(18) 経済金融特区の創設に伴い、沖縄県知事が設定するあらゆる産業を対象にすることができ、「専ら」要件を廃止して、エンジェル税制などを創設している。(19) また、特区内での雇用を増加するほど、税制メリットの大きくなる仕組みに変更している。このような制度創設・拡充は、二〇一四年の画期的な沖振法改正の結果であり、四社の認定企業が登場している。なお、二〇一七年八月末現在、経済金融特区内の企業数が四〇社で、雇用者数が一〇九七名という状況である。(20)

そして、経済金融特区をめぐる動向としては、東京証券取引所の完全子会社で、プロ投資家向けの新興市場を運営する「TOKYO PRO Market」(21) への株式上場を支援する全国初の地域型指定アドバイザー「株式会社OKINAWA J-Adviser（ＯＪＡ）」を二〇一二年七月に設立したことが注目される。(22) ＯＪＡの本店は、経済金融特区に指定されている名護市のマルチメディア館内に設けており、上場を審査する部門と上場を支援する部門に分けて運営する計画である。当初は、野村証券などの国内大手七社が指定アドバイザーとして認定されていたが、ＯＪＡは、全国で初めて地域の産業振興を目的とした取り組みとなる。沖縄県独自にＯＪＡを設立することで、地元企業により密着した上場支援やコンサル機能を発揮でき、資金調達額が小規模なベンチャー企業や中小企業の利用も促すことができる。

なお、二〇一三年六月に、鉄板焼ステーキレストランチェーン「碧」が、「TOKYO PRO Market」へ上場した。[23]同市場への上場は、沖縄県内の第一号である。そして、二〇一五年九月には、沖縄県でホテル事業などを手掛ける「WBFリゾート沖縄」が、「TOKYO PRO Market」への株式上場を申請した。[24]両社の上場申請では、ベンチャー企業の上場を支援するOJAの助言を受けていた。

また、金融関連企業の大きな話題は、二〇一五年九月二八日に、鹿児島銀行が沖縄県那覇市おもろまちで支店を開設したという動向である。[25]鹿児島銀行は、経営統合で合意した肥後銀行とともに、持株会社を設立し、運営していく方針である。両行は、那覇空港を拠点にしたANA国際貨物物流ハブを足がかりにして、鹿児島・宮崎・熊本の特産品のアジア輸出を後押しし、資金需要の創出も狙う考えである。両行は、経営統合後の営業戦略として、取引企業の海外展開支援などの国際化戦略も掲げており、その戦略の一環として、沖縄への支店形態による進出を実現している。

(2)経済特区における唯一の認定企業の撤退事例と新たな認定企業など

従来の金融特区に関連して、大規模な沖縄金融専門家会議が全四回開催されて、様々な提案がなされたが、ほとんど実現していない。例えば、制度創設時には、金融特区の目玉とされていたキャプティブ保険（子会社による親会社の自家保険）に関して、名護市は第七次にわたり国に要望を続けてきたが、金融庁は、投資家保護を理由に、責任準備金額を引き下げる要件などの緩和に否定的であり、未だ実現していない。

また、経済特区で唯一要件を満たして初めて国税の優遇措置の適用を受けていた金融関連システム・ソフトウェア開発の「ユナイテッドワールドテクノロジー（二〇〇八年認定・ユナイテッド社）」は、二〇一〇年の株主総会決議を受けて解散し、経済特区から撤退して、東京にある完全親会社のユナイテッドワールド証券（ユナイテッド証券）へ事業を移管した。[36] ユナイテッド証券の営業収益は、二〇〇八年の約二六億円から、二〇一〇年は約一〇億円に減少して、純損益は一億八〇〇〇万円の赤字を計上するなどの状況で、業績が悪化していた。世界的な金融危機以降の景気低迷を背景に、親会社の業績が振るわず、経営効率化を図ったようである。その結果、沖縄経済特区における認定企業は再びゼロとなり、二〇一二年の沖振法改正まで、その状況に変わりはなかった。

このことから、経済特区はうまく活用されていないと批判されることがあった。大手の県外企業などが金融特区に進出して認定企業とならなかった理由としては、経済特区の要件自体が厳しかったことや、リーマンショックによる金融危機の影響などの原因もありえた。その他には、現在でも、経済金融特区の対象地域が、名護市に限定されていることも影響を及ぼしていると思われる。物流特区や情報特区が那覇市などの地域が指定されていることに比べて、進出企業に躊躇させている印象は否めない。元名護市長の岸本氏の構想などから、北部振興策の一環として名護市に限定していることは理解できるが、経済金融特区の活用を促進するという観点からは、対象地域を那覇市などの市街地も指定すべきであるという見解もありえよう。

なお、現在の経済金融特区の事業認定法人は、沖振法五六条一項の規定に基づく事業の認定が行われており、同条三項の規定により公表されている。その事業認定法人が、①二〇一四年九月一八日に認定を受けた「株式会社S.O.W.フィナンシャルイノベーション」[27]、②二〇一五年三月三一日に認定を受けた「株式会社センスオブワンダーグループ」[28]、③二〇一六年三月二八日に認定を受けた「株式会社スプリングナレッジラボ」[29]、④二〇一六年七月一五日に認定を受けた「Nandina-Cloud株式会社」[30]の四社である。

また、私見として、経済金融特区への企業誘致において、沖縄県庁・沖縄総合事務局・各市町村などの職員が、フィンテックやクラウドなどの「新しい金融手法」を活用する企業の積極的な誘致を行うことを提言したい。実は、東京都が、国際金融都市構想として国家戦略特区の活用[31]を念頭に置いた取り組みを行いつつあるが、沖縄県側が迅速に対応することで、誘致競争に対応できると思われる。

ただし、企業誘致の国家間競争という意味では、沖縄だけでなく、日本全体で危機感を共有する状況にある。例えば、日立キャピタルが香港に金融統括会社を設立したとの報道がある。[32]香港政府は海外企業の誘致を強化するため、金融統括事業にかかる法人税率を八・二五%と、通常税率(一六・五%)に比べて半減するなど新たな優遇税制を導入している。家具販売世界最大手のイケアも、アジア太平洋の財務統括拠点を香港に置いた。香港以外には、シンガポールも優遇税制の適用要件を緩和するなど、アジアの金融センターによる誘致競争が激しくなっている。このように、企業誘致の国家間競争で後れを取っている状況下で、日本経済活性化のために、沖縄経済特区で何を行うことができるか真剣に取り組む必要性が増している。

6　沖縄経済特区の税制優遇（国税の優遇措置を受けるための認定要件）

経済特区（物流特区・情報特区・経済金融特区）の地域内の企業は、一定の要件を満たせば、法人税課税所得の四〇％控除などという国税の優遇措置が一〇年間受けられる。一定の要件について、経済金融特区の条文を引用するが、基本的に、物流特区と情報特区にも適用できる。

まず、経済金融活性化特別地区の区域内において「設立」され、当該区域内において認定経済金融活性化計画に定められた特定経済金融活性化産業に属する事業を営む「法人」は、「当該区域内に本店又は主たる事務所を有するものであること」、「常時使用する従業員の数」が政令で定める数以上であること等の要件に該当する旨の「沖縄県知事の認定」[33]を受けることができる（沖振法五六条一項）。[34]

7　ワンストップ相談窓口の設置

沖縄経済特区をより活用してもらうために、二〇一七年度の内閣府の予算により、「沖縄特区・地域税制活用ワンストップ相談窓口」を二〇一七年五月から沖縄県産業振興公社内で新たに設置している。[35] 当窓口は、筆者もパネリストとして「沖縄経済特区と沖縄振興特別措置法との関係性」を報告した沖縄国際大学沖縄法政研究所フォーラム第一五回シンポジウム（二〇一六年）『法律学と経済学の交錯―沖縄への提言』講演者：浜田宏一教授（イェール大学・内閣官房参与）・徳本穰教授（筑波大学）などで提言したものが、現実として動き出している。沖縄経済特区における企業の所得控除や投資税額控除など各種の優遇措置を円滑に受けるため、税理士や関係スタッフを窓口に配置し、制度全般・税務関係・申請書作成支援などを相談できる。沖縄県内外の製造業や物流関係から当窓口への問い合わせが多く、沖縄経済特区への注目が高まりつつある。[36]

三　沖縄と関係する経済政策をめぐる最新状況と提言

1　本社機能の移転や拡充による税制優遇策

内閣府地方創生推進事務局は、地方創生に関する施策の一環として、地域再生法に基づく「地方拠点強化税制」を創設している。[37] 大都市から地方へ本社機能の移転や拡充を実施すると、税制優遇などを受けることができる。私見としては、「地方拠点強化税制」を沖縄での企業誘致策に取り込むことを提言したい。仮に、大企業の本社機能を沖縄へ移転することができれば、法人税収入だけではなく、大多数の従業員の流入などによる経済的な波及効果は計り知れないであろう。

なお、対象としては、以下のような要件を満たし、都道府県に申請した「地方活力向上地域特定業務施設整備計画」が知事より認定を受けた事業者である。例えば、①移転、拡充先となる都道府県の地域再生計画に適合すること（本社機能の新増設、整備が行われるなど）、②本社機能において従業員が一〇人（中小企業五人）以上増加することなどである。

優遇制度としては、①特定業務施設の新設・増設に関する課税の特例、②特定業務施設において従業員を雇用している場合の課税の特例などが挙げられる。

また、この「地方における本社機能の強化を行う事業者に対する特例」を活用した地域再生計画は、多くの自治体で認定されている。二〇一七年七月一日現在、九州だけでも、福岡・佐賀・長崎・熊本・大分・宮崎・鹿児島県が認定を受けており、沖縄はこの領域で立ち遅れていることが理解できる。当該政策に関しては、一日も早い沖縄での活用が求められるようにも思われる。

2　業界最大手セブンイレブンの沖縄進出

セブンイレブン・ジャパン（東京）が、二〇一九年度に沖縄へ初進出して、五年間で二五〇店規模を目指すと発表した。[38] 二〇一七年六月現在、沖縄では、ファミリーマート（リウボウ系）とローソン（サンエー系）の店舗数が合わせて五三一店舗ある。両社は沖縄限定商品の開発など沖縄の実情に合った戦略で売り上げを伸ばしてきた。他方で、両社は地域密着の商品提案に強みはあるが、バリエーションの充実が課題で、セブンイレブンの進出による惣菜などの多様化に貢献する可能性がある。

セブンイレブンは、アジア市場にプライベートブランド（ＰＢ）商品を展開するための物流拠点として沖縄を位置付けるようである。物流拠点とすることで、沖縄からアジア各地のセブンイレブンに商品を届けることが可能となる。沖縄経済特区との関係で言及すると、物流特区の活用を想定して、さらに、特区の認定要件を視野に入れていると思われる。沖縄進出する際には、国内で初めて「現地法人」の「子会社を設立」することからも理解できるように、先述した認定要件の「設立」や「法人」などをクリアするための企業戦略であろう。

また、このこととは異なる法的問題として、セブンイレブンは、二〇一七年七月二一日、公正取引委員会から、下請け事業者に支払うべき代金から約二億二七五〇万円を不当に減額したとして、下請法違反で再発防止などを勧告された。[39] 対象の下請け事業者は、ＰＢの弁当類や加工食品の製造委託を受けていた七六社であり、セブンイレブンは全額を返還した。沖縄に進出する際には、コンビニ本部と加盟店・下請事業者などとの関係で、独占禁止法違反や下請法違反などが起こらないように注視する必要性もある。

3　沖縄での会社設立

これまで見てきた沖縄経済特区や本社機能の移転や拡充による税制優遇策は、基本的に、沖縄にどれだけ「企業誘致」をできるのかという視点からの議論であった。ただ、「企業誘致」は、ある意味、他力本願的な側面を有しており、沖縄の自発的な発展を促進するという訳ではない。

そこで、私見としては、企業誘致策を充実させることに加えて、「沖縄での会社設立の促進」、「沖縄企業の県外・海外進出を促進」、「沖縄発の上場会社の増大」を目指す経済政策を束になって行うべきと考える。個人的にも、沖縄から、グーグル・フェイスブック・アマゾンなどのようなグローバル企業が出現することを願っているし、日本企業を見ても、ダイソー（広島）やニトリ（北海道）などのように、沖縄から地方発の全国展開する企業群に名を連ねられることを望んでいる。

東証関連市場への沖縄県内の上場企業は、東京証券取引所一部上場の「沖縄銀行」「沖縄電力」「株式会社サンエー」「琉球銀行」と東京証券取引所JASDAQ上場の「沖縄セルラー電話」の五社に加えて、TOKYO PRO Market 上場の「碧」「WBFリゾート沖縄」の合計七社である。さらなる沖縄発の上場会社の増大がなされれば、雇用創出や経済活性化に資するものと思われる。

なお、二〇一六年の沖縄の新設法人数は、前年比九％増の一八六七社で、過去最多を更新した(40)。人口や観光客の増加による経済の需要拡大が追い風となったようである。会社設立と廃業率に関しては、沖縄は全国一である。開業率が高ければ廃業率が高いことは、アメリカやイギリスにおいても同様である。ただし、沖縄での起業家育成への取り組みは道半ばであると思われる。日本の開廃業率は四％程度だが、アメリカやイギリスでは一〇％程度である。沖縄での起業家育成への取り組みは、市町村や企業単位などで行われているものの、沖縄全体で統一した方向性を示した政策が採用されている訳ではない。

4　起業家育成に取り組む主な自治体

日本企業の海外進出が進み、国内で企業誘致が難しくなったことをきっかけに、起業家育成に力を入れる自治体は多い。例えば、国家戦略特区の「グローバル創業・雇用創出特区」に指定された福岡市の取り組みは特筆すべきである。福岡市は、国家戦略特区の活用により、二〇一五年一二月から外国人の起業時に必要な要件を緩和する「スタートアップビザ」を開始している。(41) 法人減税などの特徴で国内外から起業家を呼び込み、起業したベンチャー企業数が一〇〇社に到達している。国家戦略特区の指定を受けている沖縄県でも、福岡市の取り組みは参考になるであろう。

5　会社設立の法制度など

二〇〇五年の会社法においては、約一〇〇年ぶりの抜本改正が行われて、目玉の一つと言われたのが、会社の最低資本金規制の撤廃であった。改正前時点においては、株式会社の資本金が一〇〇〇万円などという規制が存在していたが、改正後は、株式会社の資本金を一円からでも設定することが可能であるように、画期的な会社法改正であった。

また、内閣府や経済産業省などは、対日投資を促進するため、海外企業の日本進出を阻む規制や手続の見直しに着手している。法人設立届出書などについては、手続の簡素化が図られている。(42) 今後は、会社設立の申請手続をネットで完結するシステム作りも構築されていくことになる。沖縄においても、このような諸手続に関して、関係企業への周知を行うとともに、積極的に活用することが求められると思われる。

注

(1) 経済特区全体や沖縄経済特区に関する詳細については、伊達竜太郎「沖縄振興特別措置法に基づく経済特区の活用~企業誘致と起業の促進という観点から~」沖縄法政研究一八号一頁（二〇一六年）参照。

(2) 占部裕典「経済特区税制—沖縄振興特別措置法における『地域優遇税制』」日税研論集五八号（二〇〇八年）一五二頁。

(3) 伊藤白「総合特区構想の概要と論点—諸外国の経済特区・構造改革特区との比較から」調査と情報六九八号（二〇一一年）一頁。

(4) 名護市国際情報通信・金融特区創設推進プロジェクトチーム＝大和証券グループ金融特区調査チーム編『金融特区と沖縄振興新法』（商事法務、二〇〇二年）一一頁。

(5) 堀江貞之「沖縄金融特区の現状と今後の課題」金融ＩＴフォーカス（二〇〇五年四月号）二頁。

(6) 内閣府のホームページ〈http://www8.cao.go.jp/okinawa/seisaku/okishinhou/2014kaisei/toc.html〉。

(7) 琉球新報二〇一二年六月五日五頁。関東地区から香港へ荷物を空輸する場合の配達時間はこれ以前に四日を要していたが、那覇空港の活用によって、翌日配達の二日に短縮された。

(8) 沖縄タイムス二〇一三年七月二五日七頁。

(9) 琉球新報二〇一五年一一月一八日五頁。

(10) 琉球新報二〇一三年一二月三一日四頁。

(11) 沖縄県「平成二六年度　国際物流拠点産業集積計画の実施状況について」(二〇一五年)〈http://www.pref.okinawa.jp/site/shoko/kigyoritchi/buturyutokku/documents/buturyutoku_houkoku_h26.pdf〉。

(12) 他方で、後述する二〇一四年の経済金融特区の創設に伴って、経済金融特区では、情報通信関連産業の中で、ソフトウェア業も認められている。

(13) 沖縄県商工労働部情報産業振興課ホームページ〈http://www.pref.okinawa.jp/site/shoko/johosangyo/index.html〉。

(14) 認定に係る事業の種類は、一・沖振法施行令二条二号で定める事業(インターネット・サービス・プロバイダ事業)、二・沖振法施行令二条三号で定める事業(インターネット・エクスチェンジ事業)である〈http://www.pref.okinawa.jp/site/shoko/johosangyo/johotokku-ninntei.html〉。情報特区の事業認定法人の引用は、以下の一社についても同じである。

(15) 認定に係る事業の種類は、一・沖振法施行令二条四号で定める事業(情報通信機器相互接続検証事業)である。

(16) 金融特区の議論に関しては、島袋鉄男「沖縄国際情報金融特区」琉大法学六七号(二〇〇二年)一八五頁、国際情報通信・金融特区促進協議会編『沖縄金融専門家会議—金融特区の実現に向けた二〇の視点』(沖縄タイムス社、二〇〇四年)も参照。

(17) アイルランドの金融特区にあたる国際金融サービスセンター(IFSC)に関しては、徳本穰「経済特区的法制度の研究—アイルランドIFSCに関する調査報告—」琉大法学六五号(二〇〇一年)一四一頁参照。

(18) 対象産業としては、①金融関連産業（銀行業・保険業・金融商品取引業などで、旧金融特区と同業種）、②情報通信関連産業（電気通信業・ソフトウェア業・相互接続検証業などで、旧情報通信産業振興地域と同業種）、③観光関連産業（宿泊業・娯楽業）、④農業・水産養殖業（農業・水産養殖業）、⑤製造業など（製造業・自然科学研究所・法律事務所や特許事務所・公認会計士事務所や税理士事務所・経営コンサルタント業）である（岡本誠司「沖縄振興法制と沖縄振興一括交付金・経済特区について」地方財政五三巻八号（二〇一四年）一四七頁）。対象産業の詳細は、名護市役所のホームページ〈http://www.city.nago.okinawa.jp/7/6474.html〉参照。

(19) エンジェル税制とは、ベンチャー企業への投資を促進するために、ベンチャー企業へ投資を行った個人投資家に対して、税制上の優遇措置を行う制度である。ベンチャー企業に対して、個人投資家が投資を行った場合、投資時点と売却時点のいずれの時点でも税制上の優遇措置を受けることができる。経済金融特区におけるエンジェル税制は、沖振法五七条の二など参照。

(20) 特定非営利活動法人NDA（Nago Development Authority：名護経済特区開発機構）のホームページ〈http://nda.city.nago.okinawa.jp/corporate/results/〉。

(21) TOKYO PRO Marketは、二〇〇八年の金融商品取引法改正により導入された「プロ向け市場制度」に基づき設立された、東京証券取引所の中の一つの市場である。同市場は、企業やファンドなどのプロ投資家に取引を限定している。上場審査や情報開示の基準が、東証マザーズなどの新興市場よりも比較的緩いと言われている。

(22) 琉球新報二〇一二年七月二八日五頁。

(23) 琉球新報二〇一三年六月五日五頁。

(24) 日本経済新聞（朝刊）地方経済面・沖縄二〇一五年九月二五日三三頁。

(25) 沖縄タイムス二〇一五年九月二九日九頁。なお、国内三メガバンクの一つである「三井住友銀行」が、国際物流ハブ事業の活用も考慮に入れて、沖縄県への進出を検討しているとの報道もある（琉球新報二〇一五年九月二九日五頁）。

(26) 沖縄タイムス二〇一〇年一二月一九日九頁。

(27) 認定に係る事業の種類は、一．金融商品取引業（第二種金融商品取引業）、二．金融商品取引業（投資助言・代理業）、三．貸金業、四．金融商品及び金融サービスに関する文書、証票その他の書類の作成、整理、保管、発送又は配送を行う業務に係る事業、五．現金、小切手、手形又は有価証券を整理し、その金額若しくは枚数を確認し、又はその保管を行う業務に係る事業、六．経営コンサルタント業である〈http://www.pref.okinawa.lg.jp/site/shoko/johosangyo/keizaikinyukasseikatokku/nintei.html〉。経済金融特区の事業認定法人の引用は、以下の三社についても同じである。

(28) 認定に係る事業の種類は、一．ソフトウェア業である。

(29) 認定に係る事業の種類は、一．金融商品及び金融サービスに関し、計算を行う業務又は電子計算機に関する事務を行う事務に係る事業（電子計算機を使用することにより機能するシステムの設計若しくは保守又はプログラムの設計、作成、販売若しくは保守を行う業務に係る事業を含む）、二．ソフトウェア業、三．情報処理・提供サービス業、四．インターネット付随サービス業である。

(30) 認定に係る事業の種類は、一．ソフトウェア業、二．情報処理・提供サービス業、三．情報通信技術利用事業である。

(31) 日本経済新聞（朝刊）二〇一七年八月三〇日五頁。

(32) 日本経済新聞（朝刊）二〇一六年一一月九日九頁。

(33) 情報特区と経済金融特区においては、「沖縄県知事の認定」で足りるが、物流特区においては、「主務大臣の認定」が要求されている。二〇一四年の沖振法改正前は、全ての経済特区において「主務大臣の認定」が要求されていたことからすると、現行法の下では、沖縄県知事の裁量が広がっており、意義のある改正であったと思われる。

(34) このような要件以外にも、「特区内で設立され一〇年以内の企業」（沖振法施行令二六条二項四号）などの要件がある。

なお、「設立」・「法人」・「常時使用する従業員の数（従業員要件）」・「当該区域内に本店又は主たる事務所を有するものであること」などの要件について、会社法や国際取引法的な側面からの詳細な考察に関しては、伊達・前掲注（一）四一頁以下参照。

(35) 沖縄特区・地域税制活用ワンストップ相談窓口ホームページ〈https://www.zei-tokku.okinawa/〉。

(36) 沖縄タイムス二〇一七年五月一六日七頁。

(37) 首相官邸ホームページ〈http://www.kantei.go.jp/jp/singi/tiiki/tiikisaisei/pdf/170908_chihoukyoten_

pamphlet.pdf〉。

(38) 琉球新報二〇一七年六月一〇日一、五頁。

(39) 公正取引委員会ホームページ〈http://www.jftc.go.jp/houdou/pressrelease/h29/jul/17072.html〉。

(40) 琉球新報二〇一七年六月一四日五頁。

(41) 日本経済新聞（朝刊）二〇一七年四月一三日一三頁。

(42) 国税庁ホームページ〈http://www.nta.go.jp/sonota/sonota/osirase/data/h29/kansoka/index.htm〉。

弁護士費用補償特約について

清水太郎

清水　太郎・しみず　たろう
所属：法学部　法律学科　講師
主要学歴：上智大学大学院法学研究科博士課程退学
学位：修士（法学）
所属学会：保険学会・私法学会
主要論文及び主要著書：「他保険契約の告知義務」保険学雑誌六三六号一一九～一四一頁（二〇一七年）、「保険法における『重過失』の意義」生命保険論集一九七号九一～一二七頁（二〇一六年）、「英国における保険法改正」生命保険論集一九四号二〇九～二四二頁（二〇一六年）、「取締役の社内情報収集権」上智法学論集五九巻三号二九三～三三九頁（二〇一六年）、「第三者による保険事故招致と保険者免責」生命保険論集一八九号一六三～一九八頁（二〇一四年）、「生命保険契約における災害関係特約の約款改訂」保険学雑誌六二二号一一三～一三九頁（二〇一三年）

※役職肩書等は講座開催当時

一　はじめに

弁護士費用補償特約は、主として自動車保険契約に付加される特約であるが、交通事故の被害者の権利保護のため、平成一二年に日本弁護士連合会（以下、「日弁連」とする。）と損害保険会社が協力して開発したものである（他に、傷害保険契約や火災保険契約にも付加することができる。）。つまり、特に少額の物損の事案においては、弁護士の着手金は最低でも一〇万円であったことから（日弁連の報酬等基準規定（以下、「旧日弁連基準」とする。）一七条四項本文）、加害者が任意に支払いに応じない限り、被害者は泣き寝入りをせざるを得ない状況にあった。また、交通事故で被害者に過失が全くない場合は、被害者が任意自動車保険契約を締結している損害保険会社の示談代行サービスを享受することもできない。しかしながら、弁護士費用補償特約を付加している被害者は、弁護士に依頼すること等によってかかった費用を同特約でまかなうことができるので、同特約の定める保険金額の上限に満たない限り、無料で法的扶助を受けることができる。

このように、弁護士費用補償特約は、本来、被害者保護をその趣旨とする保険であるが、昨今の報道においては、弁護士のための保険になっている旨の指摘がなされている。[1] そこで、本稿は、弁護士費用補償特約に関係する弁護士報酬および日弁連のリーガル・アクセス・センター（以下、「ＬＡＣ」とする。）について概観した後に、現行の約款規定をもとに弁護士費用補償特約の問題点を検討する。

なお、本稿は、平成二九年八月二六日に行われた、沖縄国際大学のうまんちゅ定例講座「法と政治の諸相」の第六回「弁護士費用補償特約について」の内容を加筆・修正したものである。

二　弁護士報酬

弁護士費用補償特約は、費用保険の一種であるから、依頼者である被保険者が弁護士に支払った弁護士報酬が保険金額となるのが原則である（保険法一八条一項）[(2)]。依頼者が訴訟等を弁護士に委託した場合、その間の法律関係は、委任（民法六四三条）および準委任（民法六五六条）の双方の要素を含んでいると解されており、たとえ弁護士報酬の合意がなかったとしても、依頼者は相当額の弁護士報酬支払義務があると考えられている。[(3)] したがって、どのように弁護士報酬額を算定するかが重要となる。

旧日弁連基準は、独占禁止法上の問題点が指摘されて平成一六年三月をもって廃止されたが、これは全ての弁護士を拘束するものであった。旧日弁連基準は、弁護士報酬を法律相談料、書面による鑑定料、着手金、報酬金、手数料、顧問料および日当の七種類に分け（三条一項）、それぞれ詳細に金額が定められていた。[(4)] 言い換えると、当時は、依頼者が求める経済的利益等から一義的に弁護士報酬をもとめることが可能であった。

しかし、いわゆる弁護士報酬の自由化によって、現在の弁護士の報酬に関する規程二条においては「弁護士の報酬は、経済的利益、事案の難易、時間及び労力その他の事情に照らして適正かつ妥当なものでなければならない。」と、弁護士職務基本規定二四条においては「弁護士は、経済的利益、事案の難易、時間及び労力その他の事情に照らして、適正かつ妥当な弁護士報酬を提示しなければならない。」とされているにとどまり、弁護士報酬額を決定する基準は特にない状況にある。(5)したがって、旧日弁連基準に依拠し続ける弁護士がいる一方、例えば完全成功報酬制を採用することも許容されている。(6)もっとも、今後とも旧日弁連基準に依拠し続ける弁護士が多数派であり続けるのか否か、独自の基準を設ける弁護士が多数派とならないのか等は、明らかではないところである。

ところで、国民の弁護士に対する不満の一つとして、旧日弁連基準の廃止がその理由として大きいものであると考えられるが、弁護士報酬の不明確性・不透明性が挙げられており、(7)弁護士報酬について明確な基準がないと、国民が安心して弁護士に依頼することができない。(8)実際のところ、弁護士報酬の過剰請求は弁護士倫理違反となり、そのような懲戒事例が少なくないと言われている。(9)弁護士職務基本規定二九条一項は「弁護士は、事件を受任するに当たり、依頼者から得た情報に基づき、事件の見通し、処理の方法並びに弁護士報酬及び費用について、適切な説明をしなければならない。」と規定しているが、弁護士報酬の金額の妥当性のみならず、当該金額を決定する経緯の明確性・透明性も問われるべきである。

三　日弁連ＬＡＣ

１　日弁連ＬＡＣの設立

日弁連は、権利保護保険[10]の販売に先立ち、損害保険会社との協議を通じて弁護士紹介システムについて研究してきており、平成一二年九月にＬＡＣを設立し、権利保護保険が予定している弁護士紹介と法的扶助の実施に向けて本格的に組織作りを始めた。[11]また、各単位弁護士会も日弁連ＬＡＣの要請と指導のもとに、単位弁護士会ＬＡＣの設立を始めた。[12]

日弁連ＬＡＣの目的として、第一に、損害保険会社および関係諸機関等との協議、第二に、各弁護士会等との連絡、調整および支援の活動、第三に、損害保険会社による弁護士紹介依頼の各単位弁護士会への伝達および調整、そして、第四に、本制度の運用上生じた紛争の調整、裁定機関の組織形成等に関する検討等が挙げられている。[13]

依頼者の観点から日弁連ＬＡＣを通じた弁護士紹介の流れを見ると、次のようになる。つまり、依頼者が損害保険会社に事故の発生を通知すると、損害保険会社から日弁連ＬＡＣおよび各単位弁護士会ＬＡＣを通じて弁護士を紹介され（日弁連ＬＡＣから連絡を受けた各単位弁護士会ＬＡＣが登録名簿から弁護士を紹介している。[14]）、当該弁護士から法的扶助を受けることができる。そして、依頼者が損害保険会社に権利保護保険に基づく保険金請求をして、これが支払われるという流れである。[15]当該保険金が当該弁護士への報酬（の大部分）となる。

そして、保険金額の支払いについては、日弁連ＬＡＣは、旧日弁連基準に準じた内容である「弁護士保険における弁護士費用の保険金支払基準」（以下、「ＬＡＣ基準」とする。）[16]を平成一六年に定めており（平成二〇年および平成二五年に改訂している。）、日弁連と協定[17]を結んでいる協定保険会社（平成二九年一一月一日現在、一六社が協定を締結している。）[18]は、協定書においてＬＡＣ基準を尊重することとされている。[19]

ＬＡＣ基準に関しては、日弁連ＬＡＣは、事件の経済的利益の金額を基礎として着手金と報酬金を算定する、いわゆる着手金報酬金方式と事案解決に必要な法律事務に要する時間を基礎としてあらかじめ定められた一時間あたりの費用を乗じて弁護士費用を算定するタイム・チャージ方式を選択的に用意している。[20]着手金・報酬金方式の具体的内容は旧日弁連基準と同一であり、タイム・チャージ方式の具体的内容としては、一時間あたりの弁護士報酬（税抜き二万円）や一事件あたりの所要時間として三〇時間を一応の上限とすることを定めるとともに、タイム・チャージ方式で請求できる執務の内容を明示した「時間制報酬に関する留意事項」の策定等を行っている。[21]タイム・チャージ方式は、経済的利益が少額の事案の割合が圧倒的に高かったことから推進された請求方式である。[22]また、弁護士が旧日弁連基準とは異なる各々の報酬基準に従って弁護士報酬を算定したとしても、その金額がＬＡＣ基準内であれば、一応の合理性が推定され、保険金はスムーズに支払われる。[23]

これら以外にも、日弁連ＬＡＣと協定保険会社は、権利保護保険制度の健全な運営体制を維持・発展させるために、年に数回、定期的に情報交換や意見交換を行う協議会を開催している。[24]

なお、協定保険会社以外の損害保険会社も、弁護士を紹介する場合があり、また依頼者が必ずしも紹介を通じてではなく、知り合いの弁護士に依頼して権利保護保険を利用することも可能である。(25)

2　日弁連ＬＡＣの機能

このような日弁連ＬＡＣの仕組みを通じて、被保険者、損害保険会社および紹介された弁護士は、次のようなメリットおよびデメリットを享受することができる。

まずメリットとして、次のことがあげられる。

第一に、被保険者にとって重要なことは、一般的には弁護士の知人がいないため、自分では対処できないような交通事故という非日常的な出来事にあたっても、自分自身が契約している損害保険会社を通じて紹介された弁護士から法的扶助を受けられるということである。(26)また、損害保険会社を通じて紹介された弁護士であることから、全くの見ず知らずの弁護士というわけでもなく、安心感を得ることができると考えられる（その意味で、損害保険会社の信頼は重要である。）。

第二に、損害保険会社が最も重視するのは顧客である被保険者の満足であると考えられる。(27)そこで、（間接的にではあるが）顧客に提供される弁護士の法的扶助の水準を一定のレベルに保つことと、弁護士報酬に対する影響力も行使できるというメリットも期待できる。(28)

第三に、紹介された弁護士は、損害保険会社が関係していることから、弁護士報酬についての心配が必要ない業務を受任することができる。また、当該業務を誠実に処理することで、依頼者の信

頼につなげることもできるので、長い目で見れば弁護士に対する信頼維持につながる可能性もある。(29)

これに対して、デメリットとして、次のことを指摘することができる。

第一に、被保険者は、法的扶助の質的評価が難しいことから、紹介された弁護士が誠実に業務を行っているか否かの判断が困難である。(30) その結果、事案の解決に余計な時間がかかったりすることもあり得る。

第二に、損害保険会社は、弁護士の紹介を日弁連に一任していることから、名簿に登録されている弁護士の力量等を完全に把握することができない。

第三に、被保険者自らが選任する弁護士が日弁連ＬＡＣのシステムを用いず、独自の報酬基準に基づいて高額な報酬請求をして、損害保険会社との間で紛争が生じているが、(31) このことから、弁護士費用補償特約で補償される費用は、弁護士にとって必ずしも魅力的ではないことが読み取れる。

四　弁護士費用補償特約の約款規定およびその問題点

弁護士費用補償特約の内容は、各社の約款規定に従うので、一様ではない。しかしながら、被保険者が損害賠償請求を行う原因となった事故を自動車事故に限定するか否か、および保険金額の算定基準を約款に明記しているか否かの観点から分類することができる。

前者について、自動車事故に限定する約款として、例えば、大同火災保険株式会社の「DAY-GO!

（平成二九年一月一日以降保険始期用）[32]」は、「当会社は、被害事故の場合において、保険金請求権者が被害について法律上の損害賠償請求を行う場合に、保険金請求権者が弁護士費用等を負担することによって被る損害に対して、この特約に従い、保険金を支払います。」（二条（一））[33]と規定している。

これに対して、自動車事故に限定しない約款として、例えば、共栄火災海上保険株式会社の「くるまる（二〇一六年九月（平成二八年九月）改定版）[34]」は、「当会社は、対象事故によって被った次の①・②のいずれかに該当する被害について、被保険者が法律上の損害賠償を請求する場合に弁護士費用を負担したことによって被る損害に対して、この特約に従い、弁護士費用保険金を支払います。　①　身体傷害　②　被保険者が所有、使用または管理する財物の滅失、き損もしくは汚損およびこれらに起因して被保険者が被る経済的損害」（二条（一））[35]として、上記対象事故を「日本国内において発生した次の①〜③のいずれかに該当する急激かつ偶然な外来の事故をいいます。　①　被保険者または賠償義務者が自動車を所有、使用または管理することに起因する事故　②　自動車の運行中の、飛来中もしくは落下中の他物との衝突、火災、爆発または自動車の落下　③　①・②以外で、日常生活に起因する事故または居住の用に供される住宅の所有、使用または管理に起因する事故[36]」と規定している。[37]ここでいう「日常生活に起因する事故」としては、学校事故、医療過誤、犯罪被害、製造物被害、家屋損壊被害、ストーカー被害等の身体障害および財物損壊または盗取が挙げられている。[38]

そして、弁護士費用補償特約で補償される弁護士費用について、右記の約款は、それぞれ以下のように規定している。

まず、「DAY-GO!」は、「損害賠償に関する争訟について、あらかじめ当会社の同意を得て弁護士…に対して支出した弁護士報酬…をいいます。[39]」としている。

次に、「くるまる」は、「あらかじめ当会社の同意を得て委任した弁護士…に対して、当会社の同意を得て支出した弁護士報酬…をいいます。[40]」とし、弁護士報酬に「着手金および手数料については、弁護士…に委任した事件の対象に基づき算定される金額とします。また、報酬金については、弁護士…への委任によって確保された利益に基づき算定される金額とします。[41]」と注が付されている。

これらの文言から、第一に、被保険者は弁護士に対して報酬を支払う以前に保険者の同意を得ることが求められるが、保険者の同意を必要とする理由は何か、また、同意を得ることを失念した場合、被保険者は保険金を受け取ることができないのか否かが問題となる。第二に、「くるまる」の文言からは、弁護士の選任にも保険者の同意が必要とされるが、やはり保険者の同意を必要とする理由は何か、また、同意を得ずに弁護士を選任してしまった場合の処理が問題となる（弁護士報酬および弁護士の選任についての保険者の同意の要否）。

後者については、「DAY-GO!」には支払保険金の計算として「当会社が保険金として支払うべき弁護士費用等の額は、一回の被害事故につき、第二条（保険金をお支払いする場合）（一）の損害の額とします。ただし、〈別紙〉弁護士費用等支払限度額に定める金額に消費税相当額を加算した金額を限度とし、被保険者一名あたり三〇〇万円を限度とします。」（五条(二)）[42]とされている。これに対して、「くるまる」には、右記のような規定があるのみであり、どのように算定されるのかは規定されておらず、約款上明らかでない点が問題である（保険金額の算定基準）。

また、「DAY-GO!」、「くるまる」ともに弁護士報酬は「支出した」ことを要件としている。字義通りに読めば被保険者は弁護士に報酬を支払った後でなければ保険者に保険金請求をすることができないことになる。しかしながら、被保険者の手元にまとまった資金がない場合も考えられることから、常に弁護士報酬を「支出した」ことが必要か否かが問題となる（「支出した」の解釈）。

五 検討

1 保険者の同意の要否

(1) 弁護士報酬についての同意の要否

長野地諏訪支判平成二七年一一月一九日自保ジャーナル一九六五号一六三頁[43]は、弁護士費用補償「特約において保険金支払の対象となる弁護士費用等について被告（筆者註：保険者）の同意を得たものに限っているのは、保険金支払の対象として適正妥当な範囲を被告において確認して保険金支払をその範囲に限るためのものであると解されるところ、このことが、法律の任意規定の適用による場合に比し消費者の権利を制限し又は消費者の義務を加重することになるというべき理由を見い出すことはできないし、消費者の利益を一方的に害することになるともいえない。よって、消費者契約法一〇条には該当しない。…本件特約において保険金支払の対象となる弁護士費用等を被告の同意を得たものに限っていることが信義則に反するというべき事情も見当たらない」として、弁護士報酬に保険者の同意を要する条項を有効としている（なお、民法一三四条にも反しないとしている。）。

長野地裁諏訪支部は保険者の同意を必要とする趣旨を「保険金支払の対象として適正妥当な範囲を被告において確認して保険金支払をその範囲に限るため」としており、これについてより詳細に判断しているのが大阪地判平成五年八月三〇日判時一四九三号一三四頁[44]である。これは、弁護士報酬自由化以前の裁判例であるが、自由化された今日においても多くの先行研究で参考にされている裁判例である。

大阪地裁は、「保険者は、被保険者のためだけでなく、適切な防御活動による保険者の負担の軽減等保険者の利益を図るためにも、適正妥当な範囲において争訟費用をてん補すべき義務を負担しているのであるから、被保険者の支出した争訟費用を漫然と承認する義務を負っているわけではなく、係争物の価格、事件の内容、事件の難易、防御に要する労力の多寡及び被保険者が損害賠償請求訴訟を提起されるに至った経過等諸般の事情を総合考慮して、適正妥当な争訟費用の範囲を判定することができるという裁量権を有しているものと解するのが相当である（もっとも、裁量権の濫用は許されない。）。」と判示した。

そして、大阪地判平成二八年二月二五日自保ジャーナル一九七一号一三六頁[45]も同旨を判示している。これらの裁判例は、弁護士費用補償特約ではなく弁護士賠償責任保険契約が問題となった裁判例であるが、同様に約款において保険者の同意を要件としていたことから参考になる。

この点、学説や実務家の多くも、道徳的危険への対処を理由として、保険者の裁量権を肯定する裁判所の姿勢を支持している。[46]

確かに、弁護士側が不適切な弁護士報酬を請求するということも、理論的には問題となる。[47] しかしながら、不要な費用（不当に高額な弁護士報酬）の請求を防止することや道徳的危険に対処する必要性は全ての保険契約に共通するので、[48] これら以外の理由付けが必要となるはずである。

前掲大阪地判平成五年八月三〇日の評釈において、弁護士費用が客観的に算定されていることを学説は重視しており、弁護士費用が客観的に妥当であるにもかかわらず、保険者が承認しないならば、故意免責を除き、裁量権の濫用となると主張されている。[49] つまり、保険金額の前提となる弁護士費用が客観的に算定されているならば、保険者の裁量の余地はないことになる。また、前掲大阪地判平成二八年二月二五日の評釈においては、保険者の裁量の根拠として保険金と保険料の関係が挙げられている。[50] これらの理由付けから、学説は保険制度の保護を重視していると言える。そして、弁護士からは、保険制度を維持するためには、支払保険金についての予測可能性が適正に担保されていることが重要な前提であると指摘されている。[51] 加えて、今日は旧日弁連基準以外の報酬基準に則って業務を行っている弁護士もおり、客観的な保険金額の予測が困難なことから、保険制度の保護の要請は、弁護士報酬自由化以前に比して重視されるべきである。

以上より、保険者の裁量権の根拠は、道徳的危険に対処する必要性、および、特に保険制度を保護する必要性にある。言い換えると、弁護士に道徳的危険をうかがわせるような状況がなく、予想される範囲内の保険金額であれば、たとえ被保険者が事前に保険者の同意を得ることを失念していたとしても、保険者が承認しないことは裁量権の濫用となる。その意味において、保険者の裁量の余地はあまり大きくないと解される。(52)

(2) 弁護士の選任についての同意の要否

弁護士の選任にあたり保険者の同意を必要とする条項の趣旨は、必要性や相当性を欠く保険給付を抑制し、さらに保険給付を利用して行われる法的扶助の質を確保しようという点に求められるが、被保険者の弁護士選択の自由に対する制約となるものであるところ、当該条項の有効性が問題となる。(53)

この点、当該条項は保険者という第三者に依頼者・弁護士間の信頼関係への介入を許すものであり(54)、弁護士の選任への直接的関与を規定するものであって、その不当性は大きく、保険者に無限定の承認権を留保する規定を置くことにより、当該条項の存在そのものが、被保険者が自ら適格な弁護士を選任する意欲を減退させ、不当に裁判を受ける権利（憲法三二条）を損なうおそれがあり、全体として公序良俗に反し無効（民法九〇条）というべきであるとも指摘されている。(55) 確かに、依頼者・弁護士間の信頼関係は、弁護士制度の存立基盤であり、その確保は、依頼者の利益のみならず、司法制度上の公益的要請でもある。(56)

しかしながら、このような見解には賛成できない。ここでは、被保険者、弁護士および保険者のそれぞれの利益から考察したい。

第一に、弁護士費用補償特約を付加している被保険者の最も重視すべき利益は、同特約の保険金額の上限に達するまでは無料で法的扶助を受けられるということである。そうだとすると、法的扶助の提供者である弁護士が誰であるかは二次的な問題である。また、たとえ自身が選任した弁護士に保険者の同意が得られなかったとしても、改めて（協定保険会社か否かを問わず）保険者から紹介してもらうという方法も考えられる。無論、（紹介されたか、自ら依頼したかは別として）当該弁護士以外に知り合いがおらず、どうしても他の弁護士には相談しにくいというようなことも考えられる。そのような場合は、自費で弁護士報酬を支払うべきである。(57)

第二に、保険者の同意を得られなかった場合に被る弁護士の不利益は、当該業務を失うということである。弁護士費用補償特約は、弁護士業務を大きく拡大することが期待できるものであるので、(58)このような事態は当該弁護士にとっては気の毒であるが、本来的に、弁護士の職務は営利追及と相容れないものであるので、止むを得ないとも言える。(59)

第三に、保険者は、不適切な事件処理を行って過去に問題となった弁護士を、そのことを知らずに被保険者が選任することを同意をもって防止することを望む。(60) 保険者が不当に高額な保険金を支払わされるような事態に至れば、他の保険契約者にとっても不利益となるので、このような危険性に対処することは正当化されるべきである。

これらの利益を比較すると、弁護士の利益は劣位とならざるを得ず、弁護士の選任に保険者の同意を必要とする条項は有効と解すべきである。

そして、事前に弁護士の選任について保険者の同意を得ることを失念していた場合においても、被保険者が選任した弁護士に過去に不適切な事件処理を行っていた等の事情がない限り、保険者が承認しないことは裁量権の濫用になると解すべきである。

なお、濫訴であることを保険者が立証できれば、弁護士選任に同意しないということも考えられると指摘されているが、何をもって濫訴というのかもよく分からない問題である。[61] 加えて、弁護士職務基本規定三一条は「弁護士は、依頼の目的又は事件処理の方法が明らかに不当な事件を受任してはならない。」と規定しているので、そもそも被保険者のそのような依頼を弁護士が断るのではないかと考えられる。

ちなみに、損害保険会社は、濫訴を単純に訴訟の件数をもってモニタリングしているということであるが、[62] 右記のような事情からすると、訴訟の件数のみで足りるのかは疑問ではあるが、他の判断基準を示すことも難しい。加えて、実際のところ、損害保険会社は、保険契約者の選任した弁護士を信頼した対応をしているとされているので、[63] 抑制的な対応をしていると言える。

2　保険金額の算定基準

保険法一八条一項は任意規定なので、当事者に保険金額の算定方法を委ねることも可能である。[64]この点、「DAY-GO!」において規定されている保険金額の算定基準は、着手金・報酬金か時間制報酬かの選択制である。着手金・報酬金のテーブルは、旧日弁連基準と同一である。[65]また、時間制報酬の場合は、一時間あたり二万円で上限は三〇時間と規定されており、ＬＡＣ基準と同額である。ただし、委任事務処理の難易等により、大同火災社が認めた場合は、三〇時間を超える時間分とすることができるとも規定されている。[66]

約款に明記されている以上、保険金額の算定にあたっては、たとえ被保険者の依頼した弁護士がこれらの基準とは異なる報酬体系を採用していたとしても、基本的には、これらの基準に拘束されることになる。

これに対して、「くるまる」においては、「DAY-GO!」のような算定基準が明記されていない。そうだとすると、費用保険の原則に従って、被保険者が弁護士に支払う弁護士報酬が保険金額になるとも考えられる。逆に、保険が対象とする事象・取引等における慣行なども考慮して、保険契約における当事者の意思を推定する必要がある場合もある。[67]どのように考えるべきであろうか。

無論、約款に保険金額算定の規定がない場合であっても、弁護士委任契約と保険契約は別個の契約であること、および、弁護士費用補償特約は道徳的危険が他の種類の保険契約よりも懸念されるとされていることから、保険者に弁護士報酬をそのまま保険金額と認める義務はない。[68]

この点、最判昭和三七年二月一日民集一六巻二号一五七頁は、弁護士報酬について当事者間に別段の定めがなかった場合の算定にあたり、「事件の難易、訴額及び労力の程度だけからこれに応ずる額を定むべきではなく、当事者間の諸般の状況を審査し、当事者の意思を推定して相当報酬額を定むべきである」と判示している（なお、前掲大阪地判平成五年八月三〇日および前掲大阪地判平成二八年二月二五日も同旨を判示している。）。そして、旧日弁連基準が現在でも多くの弁護士に採用されており、当事業者間で報酬の協議に十分参考になるものであることから、この「諸般の状況」の中に旧日弁連基準を合理的取引慣行として含めてよいと解されている。[69]加えて、旧日弁連基準に準拠しているLAC基準も「諸般の状況」に含めてよいと解されている。[70]

そうとはいえ、旧日弁連基準により依頼者の経済的利益をもとに算出した金額が当事者間において当然に適正妥当というわけではない。[71]また、現在は旧日弁連基準に依拠した報酬体系を採用している弁護士が多いとしても、これが今後も妥当するのか否かは明らかではないことは前述した。結局のところ、個々の弁護士が採用している報酬基準が妥当であるとの一応の推定を受けるのであろうが、報酬基準の内容が妥当でない場合や、依頼者との間における報酬額の決定の過程に問題がある場合においては、前掲最判昭和三七年二月一日の判旨に依拠して、旧日弁連基準およびLAC基準で計算した金額や、他の弁護士が受任した場合の報酬額等を参考にして決定されるものと思われる。そして、ここで決定された弁護士報酬が、原則的に保険金額になる。[72]

3 「支出した」の解釈

約款においては被保険者が弁護士費用を「支出した」ことが求められているが、現実の支出を要するか否かが問題である。

裁判例（前掲大阪地判平成五年八月三〇日、前掲大阪地判平成二八年二月二五日、東京高判平成二九年四月二七日自保ジャーナル二〇〇一号一一三頁参照。）は、現実の支出を要すると解釈しており、実務家もこの解釈を支持している。[73] これに対して、学説は、被保険者に十分な資力がない場合を考慮して、全面的に賛成しているわけではない。[74] 確かに、弁護士費用補償特約は被保険者が同特約の上限に満たない限り、無料で法的扶助を受けることを可能にするものであることから、被保険者は現実の支出を望まないとも考えられる。

しかしながら、約款に明示的に「支出した」と規定されている以上、現実の支出を要すると解するのが自然である。また、現実の支出を要しないとすると、弁護士において、被保険者と結託するかどうかは別として、不当に高額の弁護士報酬を設定して、保険者から直接、保険金として受領するというインセンティブが働く余地もある。そして、弁護士費用補償特約は、年収四〇〇～八〇〇万円の中間層への普及に意義があるのだから、[75] 現実の支出を要求することが酷であるとまでは認められない。したがって、「支出した」は、現実の支出を要すると解すべきである。

なお、実際のところ、損害保険会社は保険金の前払いの対応をしており、学説が懸念する被保険者の資力不足に対処している。無論、本稿は、このような実務対応を否定するものではない。

六　弁護士費用補償特約の約款解釈以外の問題点

これまで、実際の約款に基づいて弁護士費用補償特約の解釈にあたり問題となる点を検討してきたが、本特約の運用にあたり、弁護士および被保険者双方の問題点として挙げられている事柄について検討する。

1　弁護士側の問題点

判決の内容に決定的な影響を与えるのは当事者の活動であり、権利の実現は権利主張の実体的な正当性のみならず訴訟における権利主張の展開の仕方に大きく依存しているので、弁護士の関与が不可欠である。(76)そして、弁護士費用補償特約は、弁護士の報酬にも大きく関係するものである。いくら弁護士の業務が営利追及とは相いれないとしても、金銭的側面を完全に無視することはできない。

先行研究においては、事実上、弁護士が保険者からの今後の仕事を増やして自己の経済的利益を増大させようという企図のもと、被保険者の利益を犠牲にして保険者の利益を優先させるという誘因の存在を否定しきることはできないとか、(77)弁護士費用補償特約におけるタイム・チャージ方式は、訴訟を長引かせるインセンティブを潜在的に有するとか、(78)少額物損の案件を受けたくないのでタイム・チャージ方式を維持したいとか、(79)数万円の物損事件においてタイム・チャージ方式で計算した一〇〇万円を超える弁護士費用を請求したケースがあるかと様々な指摘がなされている。(80)

このように、にわかに信じられないようなことをする弁護士がいる一方、多くの弁護士は、弁護士費用補償特約を活用して被保険者を救済しようとしている。[81] 問題のある弁護士を弁護士会が指導するなり、ＬＡＣの名簿から削除するなりして、[82] 十分な量かつ良質な法的扶助が提供されることが望まれる。[83]

2　被保険者側の問題点

冒頭にあげた報道内容を詳細に見ると、読売新聞は、「…弁護士保険が、物損事故の訴訟の急増と審理の長期化を招いていることが、最高裁の調査などから浮上した。…『弁護士からの請求がひどい。不透明な根拠で高額の報酬を求めてくる』。…大手の損保社員が訴えた。…訴訟の状況をよく知る裁判官は…和解を促しても『判決が欲しい』と争い続けるケースが目立つといい、『弁護士が働いた時間に応じた報酬を保険金で多く得るために、訴訟を長引かせているとしか思えない』。」[84] と、日本経済新聞は「…裁判が増えた背景には弁護士保険の普及があるとみられる。…損保に請求される弁護士費用をめぐるトラブルも目立ってきた。…」[85] と報道している。

一部の不誠実な弁護士が問題を起こしていることは否定できないと思われるが、このような報道については一考の余地がある。つまり、弁護士の論稿においては、物損事故では、被害者が過失割合等に固執して示談交渉が進まないケースが多く、[86] その背後には和解を拒む「権利意識旺盛な当事者」が控えていると言われている。[87] また、弁護士費用補償特約を付加し、同特約の上限までは無料で法的扶助を受けられる被保険者の見地からすると、自己資金を投下するのが得策ではない場合にも資金投下が可能となるため、被保険者は失うものがない。[88] 加えて、非常に少額な金額で本来は訴訟をする必要がない場合においても、弁護士費用補償特約を付加していることから、安易に訴訟を依頼し、その後、全く訴訟に協力しない被保険者もいるようであると指摘されている。[89]

ところで、損害賠償事件の受任にあたって、弁護士は弁護士費用補償特約の有無を確認することが勧められており、[90] その確認を怠り、後で加入していたことが判明すると、場合によっては弁護過誤となる危険があると言われている。[91] 事件の受任にあたり弁護士は慎重に対応していると考えられることから、弁護士のみが批判の対象となるのは公平ではない。

また、裁判の件数が増えていることも指摘されているが、これまで泣き寝入りを強いられてきた被保険者の権利回復の証左であるとも考えられることから、[92] 積極的に評価されるべきではなかろうか。そして、裁判の件数が増えるならば、必然的にそれには費用が必要となることから、弁護士費用が問題となることも不可避である。

右記のような指摘は、これまで表に出ることのなかった問題点が具体化していると考えられ、要は程度問題であると考えられる。被保険者の主張を弁護士が尊重することはもちろんであるが、弁護士が法律相談を受けた時点から、適切に事案をコントロールすることも期待される。

弁護士、被保険者の双方に損害保険会社も加えて、弁護士費用補償特約の安定的な発展のためには、これらの間の紛争を容易に解決するためのＡＤＲが不可欠であると指摘されてきた。[93] 二〇一八年一月から、弁護士保険ADRが開始され、そこでは、保険金の適否や妥当性といったものに関する紛争、その他免責事由等の有無に関する紛争などが対象となる。[94] 迅速かつ適切に紛争が解決されることが期待される。

七 おわりに

弁護士費用補償特約を含む費用保険の分野は、新商品の開発が著しい分野である。[95] 弁護士費用補償特約は、交通事故に限定するか否かは別として、被保険者が被害者となった場合に機能する特約である。現在、被害者のみならず、加害者となった場合の弁護士費用も補償される保険や、痴漢の疑いをかけられた際に弁護士の派遣や助言を受けることができる等の補償内容の保険も開発されている。後者は、契約件数が急増しているということである。[96]

このように、補償範囲が拡大しているが、保険の補償範囲が拡大すると、各分野における専門的知見や経験を有する弁護士の紹介が予想される一方で、[97] すでに紛争の原因を抱えている者による駆け込み加入や、保険契約締結時に原因事故が発生していたか否かを判断することが困難な場合も考えられる。[98]

道徳的危険が疑われるような場合に備えて、控除免責金額の設定や、[99] 契約成立から一定期間経過後に保険者の責任が生じるという待機期間を約款に設ける等の対応が必要となることも考えられる。[100]

また、あまりにも不適切な弁護士費用の保険金請求が目立つのであれば、保険金額の上限を引き下げることも検討の余地があると思われる。

そして、被保険者の信頼を保護するためには、弁護士賠償責任保険制度の義務化と補償制度の確立が課題として挙げられている。(101)

これらの課題を克服しつつ、弁護士費用補償特約ないしそれを発展させた内容の保険が被保険者の権利救済に資するよう、適切に運営されることが期待される。

以　上

(1) 読売新聞平成二六年一〇月二五日三九頁（朝刊）、日本経済新聞平成二七年五月二三日二頁（朝刊）。

(2) 潘阿憲『保険法概説』一一一頁（二〇一〇年・中央経済社）。

(3) 内田貴『民法Ⅱ〔第三版〕債権各論』二八九頁、二九三頁（二〇一一年・東京大学出版会）。

(4) 旧日弁連基準を受けた東京弁護士会の「弁護士報酬会規」（平成一三年六月一五日施行）においては、民事事件の着手金および報酬金は、経済的利益が①三〇〇万円以下の場合は着手金八％および報酬金一六％、②三〇〇万円を超え三、〇〇〇万円以下の場合は同五％＋九万円および同一〇％＋一八万円、③三、〇〇〇万円を超え三億円以下の場合は同三％＋六九万円および同六％＋一三八万円、④三億円を超える場合は同二％＋三六九万円および同四％＋七三八万円とされていた。ただし、経済的利益が一二五万円以下の場合、着手金は一律一〇万円であった。

(5) 髙中正彦『弁護士法概説第四版』四八頁(二〇一二年・三省堂)。

(6) 同右。

(7) 同右。

(8) 小島武司「弁護士保険の創設」同『法律扶助・弁護士保険の比較法的研究』三八九頁(一九七七年・中央大学出版部)

(9) 加藤新太郎「弁護士報酬をめぐる倫理」法学教室二九四号一五〇頁(二〇〇五年)。もっとも、森勇「訴訟法の視点から」保険毎日新聞平成二七年七月六日六頁は、「今の懲戒制度は甘すぎる」と指摘される。

(10) 弁護士費用補償特約について論ずる文献においては、「権利保護保険」、「弁護士保険」や「弁護士費用保険」といった語も用いられる。権利保護保険は日弁連が商標登録しているが(佐瀬正俊「権利保護保険の意義と日弁連の歩み」保険毎日新聞平成二七年五月一八日六頁。)、これらは同義である。一般的に、日弁連LACの文脈においては「権利保護保険」の語が用いられているので、本稿もそれに従うこととする。

(11) 堤淳一「権利保護保険(弁護士保険)」塩崎勤＝山下丈編『新・裁判実務体系一九保険関係訴訟法』二一二〜二一三頁(二〇〇五年・青林書院)。

(12) 堤・前掲註(11)二一三頁。

(13) 同右。

(14) 大井暁「弁護士費用保険を巡る諸問題‐弁護士費用特約を中心に‐」保険学雑誌六三六号一二頁(二〇一七

年）。

単位弁護士会の実務としては、埼玉弁護士会における登録要件は、原則として、日弁連ＬＡＣから派遣された講師の研修を受講することと、弁護士登録から一年を経過していることである（仲里建良「単位会の取り組みと弁護士の活動」保険毎日新聞平成二七年六月八日六頁。）。奈良弁護士会も、平成二五年から、新規登録弁護士はＬＡＣ研修が義務付けられている（畠中孝司「単位会の取り組みと弁護士の活動②」保険毎日新聞平成二七年六月一五日六頁）。

(15) 堤・前掲註(11)二一二頁。

(16) 同基準自体は外部に公開されているものではないようであるが、https://atlaslaw.net/data/pdf/1_guideline.pdfにおいて閲覧することができた（平成二九年一二月九日最終閲覧。これ以降のＵＲＬも同日が最終閲覧日である。）。

(17) 堤・前掲註(11)二〇七〜二〇八頁によると、平成一二年に日弁連と損害保険会社二社は「権利保護保険の制度運営に関する協定書」を締結し、そこでは、①損害保険会社は、権利保護保険商品の販売に先立ち、権利保護保険制度の運営細目等について日弁連と協議する、②権利保護保険商品の被保険者が弁護士の紹介を必要とする場合、被保険者または被保険者から依頼を受けた損害保険会社が、日弁連を通じて各単位弁護士会に弁護士紹介を依頼する（損害保険会社自らまたは代理店等を介して弁護士紹介を行わない。）、③日弁連は、各単位弁護士会において、適正な弁護士紹介がなされるように組織整備・研修体制作りに努める、④損害保険会社は、弁護士報酬についての保険金の支払いにつき、被保険者の事件を受任した弁護士が所属する弁護士会の報酬規程を尊重する、⑤日弁連と損害保険会社は、保険金の支払いに関する紛争を裁定する機関の設置に向けて努力する等の諸事項が含まれている。

(18) https://www.nichibenren.or.jp/activity/resolution/lac.html

(19) 大井・前掲註(14)一二頁、加納小百合＝伊藤明彦「権利保護保険の現状と運営上の課題～適正な弁護士報酬と紹介弁護士の質の確保の観点から～」保険毎日新聞平成二七年五月二五日六頁。

(20) 加納小百合＝伊藤明彦「弁護士報酬の適正化と業務処理の質の確保における課題」保険毎日新聞平成二七年六月一日六頁。

(21) 同右。

(22) 同右。

(23) 加納＝伊藤・前掲註(19)六頁。

(24) 佐瀬・前掲註(10)六頁。

(25) 大井・前掲註(14)一二頁、畠中・前掲註(14)六頁、山下典孝「費用保険（権利保護保険）」藤村和夫＝伊藤文夫＝高野真人＝森冨義明編『実務交通事故訴訟体系第二巻責任と保険』五四四頁（二〇一七年・ぎょうせい）。

(26) 佐瀬・前掲註(10)六頁、畠中・前掲註(14)六頁。

(27) 木村彰宏「民事紛争支援と損害保険『権利保護保険』」保険学雑誌六三六号五二頁（二〇一七年）。

(28) 大井・前掲註(14)一二頁、中本和洋「さらなる発展に向けた課題と日弁連の取り組み」保険毎日新聞平成二七年六月二九日六頁。もっとも、同時に損害保険会社が自社の保険事故の法的対応を特定の弁護士にのみ依頼する、いわゆる「パネル化」の問題点も指摘されている。

(29) 池田康弘「経済分析に基づく民事紛争への保険利用の問題と課題」保険学雑誌六三六号四一頁(二〇一七年)。

(30) 山下典孝「わが国における弁護士費用保険に関する一考察」石田重森＝江頭憲治郎＝落合誠一編集代表『保険学保険法学の課題と展望(大谷孝一博士古稀記念)』五〇〇頁(二〇一一年・成文堂)。

(31) 大井・前掲註(14)一一二頁。

(32) http://www.daidokasai.co.jp/ebook/pdf/car_daygo_201701.pdf

(33) 前掲註(32)一五一頁。

(34) http://yakkan.kyoeikasai.co.jp/index/pdf/1_8.pdf

(35) 前掲註(34)B-一三七頁

(36) 前掲註(34)B-一三六頁

(37) これらの約款を取り上げた理由は、紙幅の都合に加え、大同火災社が沖縄県に本店を置く損害保険会社であり、また、本稿で問題となる弁護士費用補償特約について、大同火災社の「DAY-GO!」と共栄火災社の「くるまる」の内容は対照的なためである。同旨を規定している約款を排除する趣旨ではない。ちなみに、共栄火災社は日弁連LACの協定保険会社であるが、大同火災社はそうではない。

(38) 堤・前掲註(11)二〇九頁。

(39) 前掲註(32)一五〇頁。

(40) 前掲註(34)B-一三七頁。

(41) 同右。

(42) 前掲註(32)一五三頁。

(43) 後藤元・損害保険研究七九巻一号二〇五頁(二〇一七年)。

(44) 甘利公人・熊本法学八二号八五頁(一九九五年。『会社役員賠償責任保険の研究』二五七頁以下(一九九七年・多賀出版)所収。以下の引用は同書による。)、新海兵衛・企業法研究(名古屋経済大学)七号一三三頁(一九九五年)、木下崇・法学新報一〇二巻一号一九七頁(一九九五年)、金光良美・損害保険判例百選[第二版]一四六頁(一九九六年)、落合誠一・ジュリスト一〇九八号一三三頁(一九九六年)、山下典孝・保険法判例百選一〇二頁(二〇一〇年)。

(45) 山下典孝・法律のひろば六九巻一一号四三頁(二〇一六年)、清水太郎・共済と保険五九巻八号二四頁(二〇一七年)。

(46) 木下・前掲註(44)二〇六~二〇七頁、落合・前掲註(44)一三四頁、ウェルナー・プェニクストルフ(西嶋梅治訳「訴訟費用保険」法政大学現代法研究所編『法律扶助・訴訟費用保険』一四〇頁(一九七九年・日本評論社)、平沼高明『専門家責任保険の理論と実務』二一頁(二〇〇二年・信山社)、峰島徳太郎「弁護士賠償責任保険」平沼高明先生古稀記念論集刊行委員会編『損害賠償法と責任保険の理論と実績』三七〇~三七一頁(二〇〇五年・信山社)、李芝妍「弁護士賠償責任保険契約に関する若干の考察」東洋法学五三巻二号一五六頁(二〇〇九年)、山下友信=永沢徹編著『論点体系保険法一』四一〇頁〔平沼大輔〕(二〇一四年・第一法規)。

(47) 山下(典)・前掲註(30)四九六頁。

(48) 大井・前掲註(14)一七頁。
(49) 甘利・前掲註(44)二六六頁、落合・前掲註(44)一三四頁。
(50) 山下（典）・前掲註(45)四七頁。
(51) 加納＝伊藤・前掲註(19)六頁。
(52) 清水・前掲註(45)二八頁。應本昌樹『権利保護保険－法的ファイナンスの規範論序説』一八九頁（二〇一六年・成文堂）も保険者の自由裁量を否定する。
(53) 應本・前掲註(52)一八六頁。
(54) 小島・前掲註(8)三五四頁。
(55) 應本・前掲註(52)一九〇頁。
(56) 應本・前掲註(52)一八八頁。
(57) シンポジウム「民事司法利用支援のための保険制度の役割」保険学雑誌六三六号一〇三頁〔大井暁〕（二〇一七年）は、被保険者・弁護士間の弁護士委任契約と、被保険者・保険者間の保険契約で金額が一致する必要性はないとされる。
(58) 森・前掲註(9)六頁。
(59) 加藤・前掲註(9)一四八頁。
(60) 山下（典）・前掲註(25)五四五頁。なお、読売新聞平成二六年一一月二日三五頁（朝刊）。
(61) 山下（典）・前掲註(30)四九九頁、シンポジウム・前掲註(57)一〇五頁〔武田涼子〕。

(62) シンポジウム・前掲註(57)一〇五頁〔木村彰宏〕。

(63) 同右。

(64) 潘・前掲註(2)一一一頁。

(65) 着手金は、経済的利益が①一二五万円以下の場合は一〇万円であり、②一二五万円を超え三〇〇万円以下の場合は経済的利益×八%であり、③三〇〇万円を超え三、〇〇〇万円以下の場合は経済的利益×五%+九万円であり、④三、〇〇〇万円を超え三億円以下の場合は経済的利益×三%+六九万円であり、⑤三億円を超える場合は経済的利益×二%+三六九万円である。

報酬金は、経済的利益が①三〇〇万円以下の場合は経済的利益×一六%であり、②三〇〇万円を超え三、〇〇〇万円以下の場合は経済的利益×一〇%+一八万円であり、③三、〇〇〇万円を超え三億円以下の場合は経済的利益×六%+一三八万円であり、④三億円を超える場合は経済的利益×四%+七三八万円である。

(66) 前掲註(32)一五六〜一五七頁。

(67) 山下(友)=永沢・前掲註(46)一八二頁〔中出哲〕。

(68) 大井・前掲註(14)一五頁。

(69) 髙中・前掲註(5)四九頁、大井暁「弁護士費用等補償特約の検討」保険学雑誌六二九号一六六頁(二〇一五年)、山下典孝「権利保護保険(弁護士保険)の今後の展望」金融・商事判例一五二二号一頁(二〇一七年)。後藤元「流通市場の投資家による発行会社に対する証券訴訟の実態」黒沼悦郎=藤田友敬編『企業法の進路(江頭憲治郎先生古稀記念)』八八八頁(二〇一七年・有斐閣)も、旧日弁連基準は廃止後も影響力を有していると見ることができるかもしれないとされる。

(70) 大井・前掲註(14)一六頁。

(71) 澤本百合「責任保険契約における防御費用のてん補」保険学雑誌六二四号二一七頁（二〇一四年）。

(72) 清水・前掲註(45)二七〜二八頁。

(73) 金光・前掲註(44)一四七頁。

(74) 甘利・前掲註(44)二六六〜二六七頁、新海・前掲註(44)一四四頁、木下・前掲註(44)二一〇頁、落合・前掲註(44)一三五頁、李・前掲註(44)一五六頁。

(75) 小島・前掲註(8)三五五頁、佐瀬・前掲註(10)六頁、堤・前掲註(11)二〇七頁、宮﨑誠「司法アクセスの充実を願って」伊藤眞＝松尾眞＝山本克己＝中川丈久＝白石忠志編集代表『経済社会と法の役割（石川正先生古稀記念論文集）』五五二頁（二〇一三年・商事法務）。

(76) 小島・前掲註(8)三四七頁。

(77) 應本・前掲註(52)一八九頁。

(78) 森・前掲註(9)六頁。

(79) 伊藤明彦＝應本昌樹＝佐瀬正俊＝内藤和美＝仲里建良＝中本和洋＝小原健「ディスカッション『将来の発展に向けて』(下)」保険毎日新聞平成二七年八月一〇日六頁〔伊藤および中本〕。

(80) 鶴田信一郎「権利保護保険（弁護士保険）の新たな展開『Mikata』&『弁護のちから』」NIBEN Frontier一六四号四九頁（二〇一七年）。

(81) 伊藤明彦＝應本昌樹＝佐瀬正俊＝内藤和美＝仲里建良＝中本和洋＝小原健「ディスカッション『将来の発展に向けて』㊤」保険毎日新聞平成二七年八月三日七頁〔中本〕。
(82) 小原健「これからの権利保護保険」保険毎日新聞平成二七年八月二四日六頁。
(83) 仲里・前掲註(14)六頁、加納＝伊藤・前掲註(19)六頁、伊藤＝應本＝佐瀬＝内藤＝仲里＝中本＝小原・前掲註(81)七頁〔伊藤〕。
(84) 読売新聞・前掲註(1)三九頁。
(85) 日本経済新聞・前掲註(1)二頁。
(86) 大井・前掲註(14)九頁。
(87) 森・前掲註(9)六頁。
(88) 小島・前掲註(8)三六七頁。
(89) 山下（典）・前掲註(30)四九九頁。
(90) 宮﨑・前掲註(75)五五二頁。
(91) 鶴田・前掲註(79)四九頁。
(92) 伊藤＝應本＝佐瀬＝内藤＝仲里＝中本＝小原・前掲註(81)七頁〔中本、伊藤および仲里〕。
(93) 中本・前掲註(28)六頁、宮﨑・前掲註(75)五五二頁。また、読売新聞平成二六年一〇月三〇日三八頁（朝刊）。
(94) https://www.nichibenren.or.jp/activity/resolution/lac.html
(95) 東京海上日動火災保険株式会社編著『損害保険の法務と実務【第二版】』四九頁（二〇一六年・金融財政事

情研究会）。

(96) 毎日新聞平成二九年五月二九日一〇頁（東京夕刊）。

(97) 加納＝伊藤・前掲註(20)七頁。

(98) 山下典孝「保険法の視点から」保険毎日新聞平成二七年七月一三日六頁。

(99) 後藤・前掲註(43)二一九頁、シンポジウム・前掲註(57)一〇〇頁〔大井〕。

(100) 小島・前掲註(8)三八九頁、山下（典）・前掲註(98)六頁。

(101) 山下典孝「弁護士費用保険をめぐる諸問題についての比較法的検討」日弁連法務研究財団編『法と実務 vol.十三』二八五頁（二〇一七年・商事法務）。

追記

三校時に、ＬＡＣ研究会編『権利保護保険のすべて』（二〇一七年・商事法務）にふれた。

消費者と法

山下　良

山下　良・やました　りょう
所属：法学部 法律学科　准教授
主要学歴：日本大学大学院法学研究科私法学専攻博士後期課程単位取得退学
学位：修士（法学）
所属学会：日本法政学会、沖縄法政学会
主要論文及び主要著書：（単著）「譲渡担保の史的考察――譲渡担保の信託性に重点を置いて――」日本大学大学院法学研究年報34号（二〇〇五年）、「2個の基本契約間での過払金の充当」明治学院大学法律科学研究所年報25号（二〇〇九年）
（共著）クリスティアン・アルムブリュスター〈永田誠＝山下良訳〉「通常の消滅時効期間――特に主観的要素と客観的要素の結合について」、マルティーン・ホイプライン〈永田誠＝山下良訳〉「消滅時効の停止と新たな期間の進行――民法二〇三条以下――」永田誠＝フィーリプ・クーニヒ編集代表『法律学的対話におけるドイツと日本』（信山社、二〇〇六年）、清水恵介＝山下良「特別清算手続における別除権放棄の推認」税務事例40巻10号（二〇〇八年）、山川一陽編『財産法入門』（「17章法定債権関係」を執筆担当）（学陽書房、二〇一〇年）、藤川信夫＝松嶋隆弘編著『エッセンシャルビジネス法務』（「第Ⅱ編　多様なビジネス領域における法律問題」「第2講　商業②：小売業における法律問題2」を執筆担当）（芦書房、二〇一一年）
※役職肩書等は講座開催当時

一　はじめに

私達は日常的に、店に行って様々な買い物をして生活している。このとき、店員の巧みなセールストークによって、何となく買いたい気分になって、または、何となく断りにくい雰囲気になって、つい余計な物を買ってしまった、ということもしばしばある。このようなことが起こるのは、店員は物を売るプロであり、どのようにすれば買いたくなるか、どのようにすれば断りにくくなるか、という販売のためのノウハウに精通しているが、私達は素人なので、それに抵抗することができないからである。また、店員はプロなので商品についての知識が豊富であり、私達は素人なので商品についての知識がないため、どうしても店員の説明を鵜呑みにせざるを得ない面がある。このような状況下では、店員に言いくるめられて不要な物を買わされてしまったとか、買った商品の性能が店員の説明と違ったというトラブルが生じることもある。その背景には、前述のような、店員と客との間の「力の差（格差）」があるのである。この格差を放置すると、消費者個々人が被害を受けるだけでなく、誰も安心して買い物をすることができなくなって、経済社会全体の発展を妨げることにもなりかねない。

そこで、このような格差を是正し、消費者を保護するために、様々な法律が作られている。本稿では、これら消費者保護法のうち、代表的なものを概観し、消費者保護の基本的考え方を学習する（「消費者保護法」とは、消費者を保護するための様々な法律の総称であり、「消費者保護法」という名前の法律があるわけではない)。

二　消費者保護法の基本的構造

1　公法と私法

まず、前提として、私達の生活と法律の関わり、法律の基本原理について理解しておかなければならない。私達は社会の中で、様々な活動をしながら生活している。たとえば、働いてお金を稼ぐ、店で買い物をする、好きな人と結婚する、税金を払う、役所で手続をする、選挙の時に投票に行く、などである。これら私達の様々な生活は、大別すると二種類に分けられる。一つ目は「公的生活」、すなわち、国家の組織や維持運営と直接関わる生活である。先の例でいうと、税金を払う、役所で手続をする、選挙で投票に行くことがこれに該当する。二つ目は「私的生活」、すなわち、国家の組織や維持運営と直接には関わらない生活である。言いかえれば、国家ではなく、自分と同じように社会の中で生活している他の人間と関わる生活である。先の例でいうと、働く、買い物をする、結婚することがこれに該当する。そして、公的生活であれ私的生活であれ、人の生活には秩序が必要である。そこで、私達の生活を秩序付けるためのルールとして、様々な法律が作られている。公的生活についてのルールを定めた法律を総称して「公法」といい、私的生活についてのルールを定めた法律を総称して「私法」という。

公的生活は国家と直接関わる生活なので、その秩序は厳格でなければならない。たとえば、税金を何％払え、ということが法律で決められているのに、自分だけは税金を払わない、などという人がいたら、それを放置しておくわけにはいかない。もし放置してしまえば、それなら自分も税金を払わない、という人が次々と出てきて、やがて国家を維持運営することができなくなってしまう。そのため、税金を払わない人がいたら、国家が罰を与えてでも税金を払わせる。このように、国家と直接関わるルールを定める公法は、国家が決めたルールに国民は従うこと、という「命令と服従」を基本原理としている。もし従わなければ、国家によって罰を与えられることになる。公法の例は、税金についてのルールを定める所得税法や法人税法などの租税法、行政組織についてのルールを定める国家公務員法や地方自治法などの行政法、社会における罪と罰を定める刑法などである。

これに対して、私的生活は、国家ではなく他人と関わる生活なので、公的生活ほど厳格な秩序を定める必要はない。むしろ、国家が人の私的生活に介入する、すなわち、どこで働くか、何を買うか、誰と結婚するかなどに干渉することは望ましくないといえる。そのため、私法は、国家は人の私的生活に干渉せず、人は自分の私的生活を自分で決めることができる（自由）、そして、自分が自由であるからには他人も自由であり、自分の自由と他人の自由は同じ価値である（平等）、という「自由と平等」を基本原理としている。したがって、私法は、社会の中で人と人が円滑に生活していくための最低限度のルールを定めるものであり、もしそれに従わなかったとしても、国家によって罰を与えられることはなく、あくまで人と人による解決に委ねられることになる。私法の例は、人の私的生活についての最も基本的なルールを定める民法である。

2　民法の性質

民法は、働いたり買い物をしたり結婚をしたり、という人の私的生活のほぼ全てについてのルールを定めているといっても過言ではない広汎な法律である。民法において最も重要視されるのは、人は自分の私的生活を自由に決めることができ、自分以外の誰にも自分の私的生活を決めることはできない、という「私的自治の原則」である。すなわち、自分がどこで働くか、どこの店に入るか、何を買うか、誰と結婚するか、といった、人の私的生活における決断は、すべて自分だけが行うことができ、他の誰もその決断に干渉することはできないということである。

しかし、いくら自分の私的生活は自分で決められるといっても、当然ながら社会の全てを自分の思いのままにできるというわけではない。自分の私的生活は自分が決めるということは、他人の私的生活は他人が決めるのであり、それに自分が干渉することもできない。このため、私的生活では、自分が決めたことと、他人が決めたことを擦り合わせていくことが必要となる。たとえば、自分が店で買い物をするとき、何円で買うかは自分が決めるが、何円で売るかは店が決める。このとき、自分が決めた値段と店が決めた値段がかみ合わなければ、その物を売り買いすることはできない。そこで、自分と店とが話し合って、何円で売る／買うという「合意」に達すれば、その物を売り買いすることができる。このように、私的生活は、自分は自由だが他人も自由であり、自分と他人は平等なので、何事も話し合って合意することによって決める、という世界である。私的生活において、合意によって権利・義務を発生させることを「契約」という。

※公権と私権

「権利」・「義務」という言葉を聞くと、参政権とか納税の義務とかいったものを想像するが、ここでいう権利・義務はそれらとは異なる。権利・義務にも二種類ある。一つ目は、公的生活上の権利・義務である「公権」、すなわち国家と国民の間の権利・義務である。参政権や納税の義務はこれに該当する。もう一つは、私的生活上の権利・義務である「私権」、すなわち、私的生活において、人と人とが決めた「何かをしてもらうことができる立場」・「何かをしなければならない立場」である。

たとえば、自分が店に入って、りんごを一〇〇円で買うことを合意したとする。すると、自分は「りんごを渡してもらうことができる立場（権利）」と「一〇〇円を払わなければならない立場（義務）」を手に入れ、店は「一〇〇円を渡してもらうことができる立場（権利）」と「りんごを渡さなければならない立場（義務）」を手に入れる。本稿でいう「権利」・「義務」とは私権のことである。

人と人との合意によって契約が結ばれると、その合意の通りの権利・義務が発生するが、この権利・義務は、単なる口約束ではない。権利がある、義務があるということは、その立場を法律が認めるということであり、もしその立場が何らかの理由によって脅かされたときは、法律がその立場を守るために助力するということである。たとえば、自分は相手にお金を払ってもらう権利があるのに、相手が払わないという場合、このままでは自分の権利が実現されない。そこで、このような場合、裁判所に訴えることによって、法律に助力を求めることができる。裁判所が自分の訴えを認めてくれれば、自分の権利の実現に協力してくれる。この例でいえば、相手から強制的にお金を取りあげる手伝いをしてくれる。このように、権利がある、義務があるということは、最終的には裁判所を通して相手に強制することができるということである。

そして、一度結ばれた契約は非常に強固なものであり、後で気が変わったり、自分にとって不利な契約だったので、契約をやめたいと思ったとしても、自分の一存でやめることはできない。これを、契約の「拘束力」という。このように契約が強い拘束力を持つのは、私的自治の原則の下では、契約は自分の決断によって結ばれるのであるから、自分で決めたことはきちんと守らなければいけない、という考え方が根底にあるからである。また、私的生活においては、自分と他人は平等、つまり対等な立場なのであるから、もし自分が不利な契約を結んでしまったとすれば、それは自分の努力が足りなかったからであり、やはりその責任は自分で取らなければいけないということになる。

3　民法の限界と消費者保護法の必要性

しかし、このような考え方は、契約を結ぶ者達が対等であるからこそ成り立つものである。契約を結ぶ者達が対等な関係ではなかった場合にまで、このような考え方を貫くことは、不合理な結果をもたらす可能性が高い。たとえば、冒頭で述べた、店員と客が契約を結ぶ場合である。店員は商品を売るプロなので、商品についての知識が豊富であり、どのように言えば客が買いたくなるか、断りにくくなるかといった、販売のためのノウハウにも精通している。これに対して、客は商品を買うプロではないので、商品についての知識が乏しく、どのように言えば自分が有利な契約を結べるか、店員が引き下がってくれるかといった、交渉のためのノウハウも持っていない。このような状況下では、客は、店員が商品の性能について事実ではないことを言ったとしても見抜くことはできず、店員のセールストークに言いくるめられて不必要な契約を結ばされてしまうこともあり得る。それを、客の努力が足りなかった、ということで済まされてしまっては不合理である。

もちろん、民法も、人が自分の意に沿わない契約を結ばされてしまった場合に備えて、契約をなかったことにできる手段を用意している。たとえば、民法九六条は、「詐欺」または「強迫」によって契約を結んでしまった場合は、その契約を取り消すことができると定めている。つまり、騙されたり脅されたりして契約を結んでしまった場合は、その契約をなかったことにできるということである。しかし、ここでいう詐欺・強迫とは、相当悪質な騙す行為・恐怖を与える行為を指し、店員の説明が少し誇張されていたとか、店員に少しプレッシャーをかけられたという程度では詐欺・強迫には当たらない。また、詐欺・強迫が成立するためには、相手がわざとその行為をしたという必要があり、嘘をつくつもりはなかったけれどうっかり間違った説明をしてしまったとか、脅すつもりはなかったけれど誤解によって怖がらせてしまったという場合には、詐欺・強迫は成立しない。したがって、店員と客の間で結ばれた契約を、詐欺または強迫として取り消すことは非常に難しい。

※詐欺と強迫

民法でいう「詐欺」・「強迫」とは、ある人の行為が契約をなかったことにできるようなものだったかという私的生活上の問題であり、刑法でいう「詐欺罪」・「脅迫罪」に該当するか（国家によって罰を与えられるか）という公的生活上の問題とは別の問題である。

このように、人と人との対等な関係を前提とする民法のルールでは、力の差があって対等ではない関係の人達が契約を結ぶ場合、力が強い側が弱い側を食い物にするような契約になり、しかも弱い側は契約をなかったことにすることもできない、という不合理な結果が生じる可能性が高い。このような状況を解決するためには、そもそも対等ではない関係を前提とするルールを作って、強い側の力を弱めるか、弱い側の力を強くして、できるだけ対等に近付けてやる必要がある。そのために作られたのが、各種の消費者保護法である。消費者保護法は、力が強い側である商売のプロを「事業者」、力が弱い側である客を「消費者」、両者の間で結ばれる契約を「消費者契約」と位置付けて、両者の力関係を対等に近付けるための様々なルールを定めている。

消費者保護法は、大別すると二種類に分けられる。一つ目は「業法」、すなわち、国家が事業者に課す規制について定める法律であり、公法的性質を有する。業法は、ある商売を行う事業者はこのようなルールを守らなければいけない、ということを定める法律であり、もし事業者がそのルールを守らなければ、国家や行政機関によって罰を与えられることになる。二つ目は「民事ルール」、すなわち、事業者と消費者との間で結ばれた消費者契約に変動をもたらすルールを定める法律であり、私法的性質を有する。民事ルールは、消費者はこういう場合に契約をなかったことにできる・変更できる、ということを定める法律であり、消費者が民法よりも容易に契約の拘束力から逃れることができるようにしている。以下では、代表的な業法、民事ルールをそれぞれ概観する。

三　消費者契約法（民事ルール）

1　消費者契約法の背景

わが国における消費者保護法の必要性は、特に高度成長期を発端として高まった。高度成長期は、わが国に飛躍的発展をもたらしたが、その背景にあったのは、商品の大量生産と大量消費による経済の活性化である。それは同時に、商品に欠陥があった場合は欠陥商品が大量生産されて消費者に被害が広まる、また、消費の拡大のために事業者が積極的に消費者に売り込みをするようになり、それが行き過ぎて押し売りなどの悪質な販売方法になるなど、多くの問題も発生させた。そこで、これらの問題に対処するため、国は様々な消費者保護法を作ったり、改正して規制を強化したりしたが（たとえば、一九五五年の「森永砒素ミルク中毒事件」（赤ちゃん用の粉ミルクに砒素化合物が使用されていた事件）を契機として「食品衛生法」を改正して食品添加物についての規制を強化し、一九六〇年の「にせ牛缶事件」（牛のラベルを貼った缶詰の中身が安価な鯨肉だった事件）

を契機として「不当景品類及び不当表示防止法」（景品表示法）を制定して商品の広告・表示についての規制を課し、一九七六年に「訪問販売等に関する法律」（訪問販売法）を制定して当時問題となっていた訪問販売等について規制を課した）、これらの法律の多くは業法であり、被害を受けた消費者の救済という点では十分でなかった。なぜなら、業法は国家または行政機関と事業者との関係についてのルールなので、仮に事業者が業法に違反して国・行政機関から罰を与えられたとしても、それによって事業者と消費者との間の契約が変動するわけではないからである。事業者と消費者との間の契約を変動させるためには、民事ルールによってそれを定める必要があった。また、業法の中には、民事ルールを取り込んで、事業者が規制に違反した場合には消費者に契約を変動させる権利を与えるものもあるが、業法はある特定の業種についてのみ規制するものなので、それ以外の業種にはその法律は適用されないという弱点があった。このような事情から、業種を特定せず、事業者と消費者との間で結ばれる消費者契約全般に適用される民事ルールが必要とされた。そこで、二〇〇〇年に制定されたのが「消費者契約法」である。

消費者契約法は、⑴消費者が事業者の不当な干渉を受けて契約を結んでしまった場合は、それを取り消すことができる（消費者取消権）、⑵消費者が事業者と結んだ契約に、消費者を一方的に不利にするような不当な契約条項があった場合は、それを無効にする（不当条項の無効）、⑶適格消費者団体は、⑴・⑵の不当な行為を行っている事業者に対して、その行為を止めるように請求することができる（消費者団体訴訟制度（二〇〇六年改正によって追加））、という三本の柱によって、消費者の保護を図っている。以下、順に概観する。

2　消費者取消権

消費者契約法四条は、消費者が事業者の不当な「勧誘」によって、「誤認」したり「困惑」して契約を結んでしまった場合には、それを取り消すことができると定めている。勧誘とは、消費者に契約を結ばせようとするあらゆる働きかけのことをいう。店員が「いかがですか」とか「買いませんか」とか直接言った場合だけでなく、手紙やメールで購入を勧めたり、パンフレットやチラシなどで購買意欲をあおることも含まれる。事業者の勧誘のやり方が不当なものだったために、消費者が商品や契約内容について誤解して契約を結んでしまった場合のことを「誤認類型」といい、消費者が困って契約を結んでしまった場合のことを「困惑類型」という。

①誤認類型

消費者契約法四条一項・二項が定める誤認類型には、三つの種類がある。「重要事項の不実告知」、「断定的判断の提供」、「不利益事実の不告知」である。

不実告知とは、事実と異なることを告げることである。事業者が、「重要事項」（商品の品質や値段など）について、事実と異なることを告げて、それによって消費者が商品について誤解して契約を結んでしまった場合に成立する。たとえば、客が店員に、ある商品に何々の機能が付いているかどうか質問して、店員が付いていると言うから買ったのに、実際には付いていなかった、というような場合である。重要事項の不実告知は、民法の詐欺に似ているが、民法の詐欺は、相当悪質な騙す行為であり、しかも相手がわざとそれを行った場合でなければ成立しなかった。しかし、重要事項の不実告知は、事業者が客観的に事実と異なることを告げて、それによって消費者が誤解して契約してしまったことによって成立する。客観的に事実と異なることを告げるとは、わざとではなかったが間違えて事実ではないことを言ってしまった、という場合も含むということである。このため、民法の詐欺よりも容易に成立するようになっている。

次に、断定的判断の提供とは、事業者が、ある商品について、将来の変動が不確実なことを、さも確実であるかのように告げることである。それによって消費者が、将来の変動について確実であると誤解して契約を結んでしまった場合に成立する。たとえば、事業者が、株や金融商品を「確実に値上がりします」と言って売った場合などである。また、値上がりや値下がりに限らず、「必ず頭が良くなる」とか、「必ず美しくなる」などといった、不確実なことを断定した場合も含まれる。断定的判断の提供も、事業者が将来の変動が不確実なことについて確実であるかのように告げて、それによって消費者が誤解して契約してしまったことによって成立する。

そして、不利益事実の不告知とは、事業者が、消費者にとって有利なことを告げる一方で、不利なことをわざと告げないことである。この場合の有利なこととは、商品の品質や値段などの重要事項だけではなく、それに関連する事項も含まれる。そして、不利なこととは、消費者が有利なことを告げられたことによって、通常そのような不利益は存在しないと考えてしまうであろうものに限られる。たとえば、事業者が、携帯電話の料金がゼロ円だと言ったが、実は利用時間が一定を超えると高額な追加料金がかかるということを黙っていた場合などである。不利益事実の不告知は、事業者が、消費者にとって有利なことを告げる一方で不利なことをわざと告げなかったこと、それによって消費者が誤解して契約してしまったことによって成立する。

②困惑類型

消費者契約法四条三項が定める困惑類型には、二つの種類がある。「不退去」と「退去妨害」である。不退去とは、消費者が事業者に、自分の住居または職場から退去しろと言っているのに、事業者が退去しないことである。たとえば、事業者が消費者の自宅や職場に訪問販売にやって来て、消費者が買わないから帰ってくれと言っているのに、しつこく居座った場合などである。不退去は、民法の強迫に似ているが、民法の強迫は、相当悪質な恐怖を与える行為であり、しかも相手がわざとそれを行った場合でなければ成立しなかった。しかし、不退去は、事業者が退去しろと言われているのに退去せず、それによって消費者が困惑して契約してしまったことによって成立する。困惑とは、恐怖を感じるところまではいかなくても、心理的に動揺してしまった場合である。このため、民法の強迫よりも容易に成立するようになっている。

次に、退去妨害とは、消費者が事業者に、勧誘が行われている場所から退去させろと言っているのに、事業者が退去させないことである。たとえば、消費者が店で商品を見ていたら、複数の店員に囲まれて、消費者が買わないから帰らせてくれと言っているのに、しつこく引き止められた場合などである。不退去も、事業者が退去させろと言われているのに退去させず、それによって消費者が困惑して契約してしまったことによって成立する。

3　不当条項の無効

一般に消費者契約では、契約条項、つまりどのような内容で契約を結ぶかは全て事業者が決めて、消費者は事業者に言われるがままに契約を結んでしまう。たとえ消費者が契約内容について不満に思ったとしても、交渉によってそれを変更させることはできない。もし消費者が不満を言えば、そもそも契約を結ぶことができなくなってしまうからである。このため、契約内容は消費者に不利になりやすく、また、知識のない消費者の弱みにつけ込むような契約条項が混ざっていることもしばしばある。そこで、消費者契約法は、消費者契約に消費者を一方的に不利にするような不当な契約条項があった場合には、それを無効にすると定めている。つまり、その不当な契約条項は、ないものとして扱うということである。沢山ある契約条項のうち、一つだけが不当条項だった場合、その不当条項のみがなかったことになるのであり、契約自体がなかったことになるわけではない。消費者契約法八条、九条、一〇条が定める不当条項は、「事業者の責任の全部または一部を免除する条項」、「消費者に不当な損害賠償額を支払わせる条項」、「その他、消費者の利益を一方的に害する条項」である。

①事業者の責任の全部または一部を免除する条項

消費者契約法八条は、事業者の債務不履行、不法行為、または商品の瑕疵（欠陥）によって消費者に損害が生じた場合の、事業者の責任の全部または一部を免除する条項は無効とすると定めている。たとえば、「お客様に損害が発生しても、当社は一切責任を負いません」（責任の全部の免除）とか、「二万円を上限として賠償いたします」（責任の一部の免除）といった条項などである。事業者の不注意によって消費者が損害を受けた場合や、商品に欠陥があったために消費者が損害を受けた場合、通常、事業者はそれを賠償する責任を負うことになる。消費者契約においては、事業者がこれらの責任を果たすべきであることは当然であり、もしその責任の全部または一部を免除する条項があった場合には、その条項は不当に消費者の利益を害するものであって無効である。

②消費者に不当な損害賠償額を支払わせる条項

消費者契約法九条一号は、消費者が消費者契約を解除する場合に支払うことになる損害賠償・違約金を定める条項で、その金額が、事業者が受けるであろう「平均的な損害の額」を超えているものは、その超えている部分は無効とすると定めている。消費者契約の中には、消費者からの中途解約を認めるものもある。そして、契約を中途で解約された場合、事業者は損害を受けることになる。

たとえば、消費者がレストランに予約を入れていたが、当日急にキャンセルした場合、レストランは、食材の仕入れと料理の手間、そして予約が入っていたせいで他の客を断らなければならなかった、といった損害を受ける。このような事態に備えて、契約を結ぶ時点で、「解約した場合は一万円お支払いいただきます」というように損害賠償・違約金を定めておくことがある。そのこと自体は、不当に消費者の利益を害するというわけではない。しかし、その損害賠償・違約金の額が、事業者が受けるであろう損害よりもあまりにも高額な場合は問題である。たとえば、事業者は解約されても一万円程度しか損害を受けないのに、「解約した場合は一〇〇万円お支払いいただきます」という条項を定めた場合などである。このような条項は、事業者が受けもしない損害について不当な利益を得ることになるし、消費者の解約を妨害することにも繋がる。そこで、消費者契約法は、消費者の契約解除によって事業者に生じる平均的な損害を超える金額を支払わせる条項は、その平均的な損害を「超える部分」は無効とすると定めている。「超える部分」のみが無効になるのであって、損害賠償・違約金の条項そのものが無効になるわけではない。

③その他、消費者の利益を一方的に害する条項

消費者契約法一〇条は、八条・九条で挙げられたもの以外でも、消費者の権利を制限し、または消費者の義務を加重する条項であって、消費者の利益を一方的に害するものは無効とすると定めている。世の中には、事業者の責任の全部または一部を免除する条項、消費者に不当な損害賠償額を

支払わせる条項以外にも、無数の不当条項が存在する。たとえば、アパートの部屋を借りる契約で、「退去の際には敷金は返還いたしません」という条項があった場合などである。それら無数の不当条項の全てを法律の条文に規定することはできないので、消費者の利益を一方的に害する条項は一般的に無効になるとして、消費者の保護を図っている。

4　消費者団体訴訟制度

二〇〇〇年に制定された当初の消費者契約法は、消費者取消権、不当条項の無効の二本の柱だけしか規定されていなかった。しかし、それでは、実際に被害を受けた消費者個々人が裁判を起こすことはできても、被害の発生を未然に防止することはできない点が問題となった。また、消費者契約による被害は通常小額であり、大抵の消費者は、裁判をやってまでお金を取り戻すよりも泣き寝入りしてしまう。そして、その間にも、事業者の不当な行為によって他の消費者に被害が拡大していく。そこで、消費者の被害を未然防止・拡大防止するために、二〇〇六年改正によって、消費者の利益保護のための活動をしている消費者団体に、事業者に不当な行為を止めるように請求できる権利（差止請求権）を与える「消費者団体訴訟制度」が追加された。

差止請求権を持つのは、内閣総理大臣の認定を受けた「適格消費者団体」である。そして、差止請求の対象となるのは、事業者が、不当な勧誘行為や不当条項を、不特定かつ多数の消費者に現に行っているか、行うおそれがある場合である。この差止請求が裁判で認められれば、事業者は、不当な行為を止めなければならない。

以上見てきたように、消費者契約法は、事業者の不当な行為によって消費者が被害を受けた場合に契約の取消しを認める・不当条項を無効とすることによって、被害を受けた消費者の救済を図り、適格消費者団体に事業者の不当行為の差止請求権を与えることによって、消費者の被害の未然防止・拡大防止を図っている。

四　特定商取引法（業法＋民事ルール）

1　特定商取引法の背景

高度成長期は大量生産・大量消費の時代であり、消費の拡大のために、事業者が積極的に消費者に働きかけをするようになった時代でもあった。つまり、店を開いて客が来るのを待つような受け身の販売方法だけではなく、事業者の方から消費者の自宅を訪れたり、消費者の自宅に電話したり、街で呼び止めたりして、積極的に商品の購入を勧誘するようになったのである。しかし、事業者が突然家にやってきて商品を買うまで帰ってくれない、電話で勧誘してきて何度断ってもしつこくかけてくる、いきなり身に覚えのない商品を送りつけてきて代金を請求してくるなど、様々な問題も発生した。そこで、これらの問題が生じやすい販売方法について、事業者が守るべきルールを定めた法律が作られた。これが「特定商取引に関する法律」（特定商取引法）である。

特定商取引法の前身は、一九七六年に制定された「訪問販売等に関する法律」（訪問販売法）である。訪問販売法は、当時問題になっていた「訪問販売」、「通信販売」、「連鎖販売取引」（マルチ商法）、「ネガティブ・オプション」（送りつけ商法）についてのルールを定めていた。その後、一九九六年改正によって「電話勧誘販売」が、一九九九年改正によって「特定継続的役務提供」が、二〇〇〇年改正によって「業務提供誘引販売取引」が追加され、法律の名称が特定商取引法に改められた。そして、二〇一二年改正によって「訪問購入」が追加され、二〇一七年現在では以上の八つが規制対象となっている。特定商取引法は、これら八つについて、事業者が守るべきルールを定め、もし事業者がルールを守らなければ罰を与える、という業法としての性質を有するとともに、一定の場合には消費者に契約を変動させる権利を与える、という民事ルールをも取り込んだ複合的な法律である。

2　規制対象となる取引

特定商取引法の規制対象となる八つの取引方法の概要は、以下の通りである。

①訪問販売

特定商取引法二条一項によれば、訪問販売とは、事業者が営業所等以外の場所で消費者と売買契約を結ぶことである。これには、事業者が消費者の自宅や職場などに出向いて勧誘を行うことの他、消費者を街で呼び止めて営業所等まで同行させて勧誘を行うことも含まれる。訪問販売は、消費者にとって不意打ち的であり、しかも消費者から逃げ場を奪って心理的圧迫を加えることになるため、押し売り等の被害が生じやすい。

②通信販売

特定商取引法二条二項によれば、通信販売とは、事業者が郵便その他の方法によって申込みを受けて売買契約を結ぶことである。通信販売は、事業者が受け身になって行う取引方法なので、強引な勧誘などの被害は考えにくいが、消費者は広告等を見ただけで商品の実物を見ずに契約を結ぶため、送られてきた商品が思っていたものと違ったというトラブルが生じやすい。このため、通信販売についての規制は、広告にこういうことを書かなければいけない（一一条）、こういうことは書いてはいけない（一二条）、という広告規制が主である。

③電話勧誘販売

特定商取引法二条三項によれば、電話勧誘販売とは、事業者が消費者に電話をかけて、または電話をかけさせて勧誘を行い、売買契約を結ぶことである。電話勧誘販売は、事業者が消費者の自宅や職場などに電話をかける、消費者にとって不意打ち的であるという点で、訪問販売と似た性質を有する。また、契約は口頭の合意だけでも成立するので、事業者の勧誘に対して消費者がうっかり承諾するような言葉を言ってしまって、後でトラブルになることがある。

④連鎖販売取引（マルチ商法）

特定商取引法三三条一項によれば、連鎖販売取引とは、事業者が、商品の再販売をする者を「特定利益」を得ることができることによって勧誘して、その商品の売買契約を結ぶことである。いわゆるマルチ商法であり、ある商品の販売組織から勧誘を受けた消費者は、その商品を購入して販売組織に加入して自分が販売員となり、また、自分も他人を同様に販売員として勧誘して、これを繰り返しながら組織を拡大していく。自分が新たに販売員を勧誘したら報奨金などを受け取れることを利点として勧誘するが、当然ながら販売員の増加には限界があるので、後から加入した人ほど、会費や商品購入代金を払わなければいけないのに報奨金は受け取ることができないということになり、損をすることになる。また、友人や親戚を勧誘しようとして、人間関係に破綻をきたす原因になりやすい。

⑤特定継続的役務提供

特定商取引法四一条によれば、特定継続的役務提供とは、政令で定められた特定継続的役務を提供する事業者が、一定以上の期間に渡ってその役務を提供する契約を消費者と結ぶことである。「役務」とはサービス、つまり形のない商品のことであり、二〇一七年現在、特定継続的役務として政令で定められているのは、エステティック、美容医療、語学教室、学習塾、家庭教師、パソコン教室、結婚相手紹介サービスの七つである。これらの取引は、契約期間が長期間に渡るため契約当初には気付きにくいデメリットが含まれていたりしやすく、また、消費者が目的とする美容や能力向上などの効果が不確実であるため、トラブルが生じやすい。

⑥業務提供誘引販売取引

特定商取引法五一条一項によれば、業務提供誘引販売取引とは、事業者が、ある商品を利用する業務に従事することによって利益を得られるとして消費者を勧誘し、その商品の売買契約を結ぶことである。いわゆる内職商法であり、たとえば、消費者が雑誌等で「月収三〇万円」などという内職の広告を見て事業者に連絡したところ、仕事を始めるためには五〇万円のパソコンを購入してもらわなければいけないと言われた、といった場合である。当然ながら、事業者は五〇万円のパソコンを売るのが目的なのであり、消費者が購入した後は連絡が取れなくなったり、十分な仕事を紹介してもらえないといったトラブルが生じやすい。

⑦訪問購入

特定商取引法五八条の四によれば、訪問購入とは、物品の購入業者が、営業所等以外の場所で売買契約を結んで物品を購入することである。近年、高齢者の自宅に貴金属の買取業者がやってきて、持っている指輪等を見せてほしいと迫り、見せてあげたところ、「買い取らせていただきます」と言って強引に安いお金を押しつけて貴金属を持ち去るという、いわゆる押し買いが横行して問題となっていた。そこで、二〇一二年改正によって、これを新たに特定商取引法で規制することとした。

⑧ネガティブ・オプション（送りつけ商法）

ネガティブ・オプションとは、事業者が、売買契約を結んでいない相手に商品を送りつけることである。いわゆる送りつけ商法であり、たとえば、突然身に覚えのない荷物が送られてきて、開封してみたところ、「この商品が不要な場合は返送して下さい。返送しない場合は購入されたものとみなしますので、代金をお支払い下さい」という内容の文書が入っていた、といった場合である。消費者は動揺して冷静な行動ができなくなってしまいがちだが、当然ながら、このように一方的に商品を送りつけても契約は成立しないので、代金を支払う必要はない。したがって、特定商取引法では、事業者が消費者に商品の返還を請求する場合についてのルールのみが定められている（五九条）。

3　主な規制内容

特定商取引法は、以上の八つについて、事業者が守るべきルールを定め、また、消費者を保護する規定を置いている。その全てを見ることはできないので、ここでは特に重要なもののみ概観する。

①再勧誘の禁止

訪問販売（三条の二）、電話勧誘販売（一七条）、訪問購入（五八条の六第三項）における規制である。事業者は、契約を結ばない意思を示した消費者に対して、再度勧誘してはいけない。消費者が断っているのに引き下がらずしつこく勧誘するという場合だけでなく、一度引き下がって後日再び勧誘することも含まれる。

②不当な勧誘行為の禁止

訪問販売（六条）、電話勧誘販売（二一条）、連鎖販売取引（三四条）、特定継続的役務提供（四四条）、業務提供誘引販売取引（五二条）、訪問購入（五八条の一〇）における規制である。事業者は、不実告知、事実の不告知、威迫して困惑させる行為、勧誘目的を隠して人通りの少ない場所で勧誘する行為をしてはならない。事業者がこれらに違反すると、行政処分や刑事罰を受けることになる。また、事業者がこれらの行為を行った場合、消費者は契約を取り消すことができる。この取消権は、消費者契約法における取消権と似ているが、事業者が特定商取引法に違反した場合には、消費者契約法よりも優先して適用される。

③クーリング・オフ

訪問販売（九条）、電話勧誘販売（二四条）、連鎖販売取引（四〇条）、特定継続的役務提供（四八条）、業務提供誘引販売取引（五八条）、訪問購入（五八条の一四）で規定されている、消費者が契約を解除する権利である。前述のように、契約には拘束力があり、一度成立した契約をなかったことにできるのは、契約自体に何らかの理由で問題があった場合（騙された、脅された、不実告知があった等）に限られる。しかし、このクーリング・オフは、一定の期間内であれば、一切の理由なし、一切の負担なしで契約をなかったことにできるという、非常に強力な権利である。このような権利を与えるのは、消費者に熟慮、再考を促して、消費者の選択の機会を確保するためである。ただし、非常に強力な権利である反面、それを行使できる期間も非常に短い。訪問販売、電話勧誘販売、特定継続的役務提供、訪問購入のクーリング・オフ期間は、消費者が契約内容についての書面を受け取った日から八日以内、連鎖販売取引、業務提供誘引販売取引では二〇日以内である。後二者のクーリング・オフ期間が長いのは、後二者は非常に幻惑的な（人の欲をかきたてて惑わせるような）取引なので、消費者が冷静になるまでに時間がかかると考えられるからである。

④過量販売解除

訪問販売（九条の二）における規制である。訪問販売では、強引な販売員に押し巻けて購入してしまうと、その後立て続けに販売員がやってきて、大量に商品を買わされてしまうという被害が多発していた。これは、顧客リストを事業者が共有しているためで、判断力の十分でない高齢者などを狙った、いわゆる次々商法（次々販売）と呼ばれる手口である。高齢者はクーリング・オフについて十分な知識を持っていないことが多く、家族が事態に気付いた時には、既にクーリング・オフ期間が経過してしまっていることも多い。そこで、二〇〇八年改正によって、消費者が特別な必要性がないのに「日常生活において通常必要とされる分量を著しく超える商品」の売買契約を結んでしまった場合は、一年間は負担なしで契約をなかったことにすることができることとした。この規定は、同一の事業者が過量販売を行った場合だけでなく、複数の事業者が全体として過量販売を行った場合にも適用される。

⑤中途解約権＋損害賠償額の上限

特定継続的役務提供（四九条）における規制である。特定継続的役務提供は長期間に渡る契約であり、契約を結んだ当初に代金を全額まとめて支払う場合が多いので、途中で解約したくなったとしても、中途解約を認めないとか、中途解約した場合は支払った代金は一切返還しないという条項があったため代金を返してもらえない、といった問題が多発していた。そこで、特定継続的役務提供では、消費者は契約を中途解約することができることと、その場合に事業者が受け取ることができる損害賠償額の上限が定められている。この中途解約権は、契約をなかったことにするわけではないので、消費者が中途解約するまでの間に受けた役務提供の代金は支払わなければいけない。また、事業者が受け取ることができる損害賠償額の上限については、消費者が解約したのが役務提供の開始前だったか、開始後だったかなどに応じて、詳細な規定がなされている。

⑥不招請勧誘の禁止

訪問購入（五八条の六第一項）における規制である。事業者は、訪問購入について、消費者から勧誘の要請をされていないのに、消費者の自宅等で勧誘をしてはならない。つまり、消費者に呼ばれていない場合は、そもそも訪問購入の勧誘をしに行ってはいけないということである。訪問購入の事業者の目的は、消費者から安く買い叩いた品物を、他で高く転売することである。そのため、消費者が品物を持ち去られた後で契約をクーリング・オフしても、その時には既に転売されてしまっていて、品物は返ってこないことが多かった。そこで、消費者の被害を食い止めるために、消費者に呼ばれたのでなければそもそも勧誘をしに行ってはいけないということにしたのである。

⑦ネガティブ・オプションにおける商品の返還請求

ネガティブ・オプションについては、事業者が消費者に送りつけた商品の返還を請求する際のルールのみが定められている（五九条）。すなわち、ネガティブ・オプションで送りつけた商品は、消費者が一四日以内に購入を承諾せず、かつ、事業者がその商品の引取りをしない場合には、事業者はその返還を請求することはできない。つまり、消費者は、一方的に商品を送りつけられて、不要な場合は返送しろ、返送しなければ契約したものとみなす、と言われても、一四日間それを使わずに保管しておけば、後は自由に処分して良い。事業者に連絡する必要はないし、返送しろと言われても協力する必要もない。事業者は、商品を返してほしければ、一四日の間に自分で消費者のところに引き取りに行かなければならない。ただし、消費者が一四日の間に商品を使用した場合には、購入を承諾したことになるので注意が必要である。

五　おわりに

本稿では、社会における消費者保護法の必要性と、代表的な消費者保護法である消費者契約法、特定商取引法について概観した。これら以外にも、消費者を保護し、取引社会の安全を図るための法律は数多く存在する。消費者被害に遭わないようにするためには、私達消費者の側でも、これら消費者保護法の知識を習得して、「賢い消費者」になるために努力していかなければならない。

【参考文献】
杉浦市郎「新・消費者法これだけは〔第二版〕」（法律文化社、二〇一五年一〇月）
日本弁護士連合会消費者問題対策委員会編「コンメンタール消費者契約法〔第二版増補版〕」（商事法務、二〇一五年七月）

消費者庁消費者制度課編「逐条解説　消費者契約法〔第二版補訂版〕」（商事法務、二〇一五年五月）
齋藤雅弘＝池本誠司＝石戸谷豊「特定商取引法ハンドブック〔第五版〕」（日本評論社、二〇一四年二月）
伊藤進＝村千鶴子＝高橋岩和＝鈴木深雪「テキストブック消費者法〔第四版〕」（日本評論社、二〇一三年四月）
日本弁護士連合会編「消費者法講義〔第四版〕」（日本評論社、二〇一三年三月）
大村敦志「消費者法〔第四版〕」（有斐閣、二〇一一年四月）

子ども食堂の現状と課題（講演録）

スミス　美　咲

スミス　美咲・すみす　みさき
沖縄国際大学 法学部 地域行政学科卒業
沖縄国際大学　大学院　法学研究科在籍
NPOウーマンズプライド代表
TwoFishesProject「ゆがふ子どもサロン」副代表―二〇一八年一月から代表
アメリカ軍人・軍属とのトラブルに関する公的相談機関がない中、DVや離婚後の養育費、若年者の妊娠、子どもの認知問題、国籍取得、ハーグ条約などの国際家事事件の相談に応じ、当事者の情報交換、通訳や基地内の専門家、関係機関との連携で支援を行なっている。
設立以来約四〇〇件近い相談を受けている。現在は法学研究科に在籍し国際私法、家族法を専攻し研究中。
※役職肩書等は講座開催当時

二匹の魚プロジェクト(Two Fishes Project)

私たちは、沖縄の貧困家庭に育つ子供たちに、毎晩安心して栄養のある夕食を食べることができ、宿題を教えてもらえる環境を提供することにより、子供たちが自己肯定感を育み、将来に夢と希望をしっかり持つことができるよう、健全な育成に役立ちたいと考えている。プロジェクト名は、聖書の中で、「二匹の魚が瞬時に増え、五〇〇〇人以上の人を養った」という話から、〝希望を持つことができたら　どんなことでも可能になる〟という意味を込めてつけられた。子どもの貧困は自己責任論ではなく、社会全体の問題として捉えて行く必要がある。

二匹の魚プロジェクトは「ゆがふ教会[1]」「ＮＰＯ法人　プロミスキーパーズ[2]」「ＮＰＯ団体　ウーマンズプライド[3]」の三つの団体から構成されている。

「ゆがふ教会」は会場提供、近隣小中学校、自治会への周知、県内各教会への協力の呼びかけを行なっており、

二つ目の「ＮＰＯ法人プロミスキーパーズ」は行政との連携協力、既存の交流のある団体への働きかけを行なっている。

子ども食堂300人歓迎
沖縄市に来月開設
困窮母子ら支援
プロミスキーパーズ
毎日夕食無料／国際結婚悩み相談も
なくせ子どもの貧困

沖縄タイムス社提供

―NPO法人 プロミスキーパーズとは―

飽食の時代、福祉国家と言われるこの日本で、家もなく、満足に食べるモノもなく、日々屋外で生活を続けている、通称〝ホームレス〟と呼ばれる人々が三万を超え、減少どころか、今この瞬間でも増加している。

本来ならば、そのような人々への生活の保障として、公的な扶助制度（住宅扶助、生活扶助、医療扶助等他）の活用が重要とされ、それらに助けられている人々もいるのも事実であるが、沖縄県の場合、〝ホームレス〟の多くが県外からの移住者が多い為、「生活保障は『住居』がないと受けられない」という条件に該当しないがゆえ、恩恵を受けられないのが現状だ。〝ホームレス〟の人々は、単に『家がない』という物質的問題だけでなく、貧困、病気、孤立（孤独）という心の問題も抱えている。これは日本国憲法第二五条で保障されている「人間らしく生きる権利（基本的人権の尊重）」の中の「生存権」に関わる大きな問題といえるのではないか。

前述したように、生存権の保障は公的制度の適用が厳しい上に、市民社会からも排除された〝ホームレス〟が『居住』『雇用』『健康（食事）』を確保して、社会復帰と自立を目指す為には、あまりにも多くの難問がありすぎる。そして母子寡婦家庭、身体障害者の人々となると、問題はさらに深刻さを増す。社会の弱者に対する支援は『ここでお終い』というゴールがないのだ。

もちろん行政側も一所懸命に支援政策を打ち出しているが、まだまだ多くの人々の助けが求められている。問題解決の道は、一個人の力で切り開いていくことは難しく、かつ、その先には長い道のりが待っている……そうした現状にあって、我々は考えた。「問題解決の想いを持った人が集まることで、何かができるのではないか」と。そして我々人間はすべからく平等であり、そして同朋である。苦しんでいる同朋を見て見ぬ振りはできないと。そうした経緯から二〇〇五年、社会的弱者と呼ばれる同朋の自立・支援をしていくことを目的として組織したのが『ＮＰＯプロミス・キーパーズ』である。

我々の活動内容だが、一、食事の提供（健康）二、住居の提供（生活圏）三、労働の提供（雇用）を柱に、その活動の為の資金造成に分けられる。こうした活動は、社会的弱者の同胞の社会復帰、充実した尚且つ自立した社会生活の為、さらに不幸な同胞を産み出した社会環境の改善に向けて、確実に前進を続けている。その成果が認められ、二〇〇九年三月二三日にＮＰＯ団体からＮＰＯ法人へ昇格した。現在、宿泊施設の運営だけではなく、毎週金曜日と土曜日は那覇市内からその近郊の公園に出向き、食事と飲み物の提供をさせて頂いている。また、県母子寡婦福祉連合会と協力し、母子寡婦家庭の方々の運動会やクリスマス会に参加させて頂いたり、食事のご提供や心のケア等、物心両面から応援をさせてもらっている。

三つ目の「ＮＰＯ団体 ウーマンズプライド」は渉外関係 母子家庭支援、基地内のボランティアとの連携、国際家事事件(渉外離婚、認知、養育費、国籍取得)を担っている。

―ＮＰＯ ウーマンズプライドとは―

二〇〇七年五月にＮＰＯ「ウーマンズプライド」が代表スミス美咲によって設立される。極東最大の基地を抱える沖縄で、設立以来四〇〇件近い国際家事事件の相談を受けて来ている。

ここで扱う問題は、米軍基地が沖縄に建設された当初より続いている「沖縄特有の問題」であり、この問題を当事者やそれを取り巻く人々の個人的関心に留める事なく、基地と共に生活する事を強いられている沖縄県民全体の問題として、意識を高めて貰う必要があると考える。在日米軍人、軍属との間で発生する、国際家事事件の多くは、国際離婚やその後の、子の監護、及びに養育費の問題が殆どである。

こうした問題は、お互いの法意識や価値観に左右され誤解を生じさせるケースが多く、且つ現在沖縄には在日米軍人、軍属とのトラブルに関する公的な相談機関やその体制は整っておらず、国際家事相談等のほとんどが私たちＮＰＯに集中しているのが現状である。

二匹の魚プロジェクトである、「ゆがふ子どもサロン」は二〇一五年一二月に沖縄市住吉に開設された。事業の目的は、こどもディナーサービス。家庭の事情により、食事のままならない状態にある一人親世帯(母子家庭・父子家庭)のこども達を対象に、毎日無料で夕食と居場所を提供する事を目的としている。

そしてその他に、沖縄市において、一人親世帯(母子家庭・父子家庭)のこども達を対象に、宿題を教えたり、必要とする学習支援を提供している。協力体制は、大学生（アルバイトをしていない人）のボランティアである。学部によって教えられる教科が違うことから、大学の複数の学部へ、ゼミ担当教員を通じてボランティアの詳細を説明し、学生に支援してもらっている。（法学部は社会、英米学科は英語など）

その他に、アメリカ人ボランティアの参加が欠かせない。グローバル化に伴い、食事提供の他、英語教室、スポーツクラブ、バーベキュー大会、クリスマス会などに参加し、国際交流を行っている。そして、月の半分はアメリカ人ボランティアの方々からの食事提供をして頂いており、ホットドッグやピザ、ハンバーガーなど子ども達の喜ぶアメリカンフードをメニューに取り入れている。(写真参照) 沖縄市の中では当サロンはメニューが豪華と言われている。

現在ゆがふ子どもサロンの現場責任者である荒木英一郎さんは自分自身が元ホームレスであったが、ＮＰＯプロミスキーパーズに助けられ社会復帰する事が出来た。現在はゆがふ子どもサロンの現場責任者として働いている。荒木さんはホームレス時代、食べる物がなく、空腹に耐えきれず悪い事をしようと何度も考えたそうだ。「人間お腹が空くとろくな事を考えない…」と荒木さんは言う。そんな荒木さんが、ゆがふ子どもサロンで働く中で思う事が沢山ある。

―荒木 英一郎氏―

私は、荒木英一郎と申します。福岡県出身の五一歳です。私は現在、沖縄市のゆがふ子どもサロン（子ども食堂）のスタッフとして働かせて頂いています。私は以前ホームレスであり、その時にプロミスキーパーズ（沖縄ベタニヤチャーチ）の方々に助けて頂いた経緯と、その経験が今の子ども食堂で働くにあたっての基礎的な考え方になっているお話しをさせて頂きます。

私は、一九八八年に熊本商科大学を卒業し、当時の日本のバブル景気の絶頂の中、商品先物取引の営業マンとして就職しました。その時は、お金を稼ぐためなら、どんな嘘でもつきました。二四歳～二五歳くらいで一ヵ月の給料が五〇万～一〇〇万という時もありました。詐欺師と言っても過言ではなかったでしょう。なかにはお客様に一億円損させたこともありました。その後、バブル景気も崩壊し、二〇〇〇年にその会社を退職しました。

その後、妹の旦那の紹介で、福岡で保険代理店の営業として再就職しました。二〇〇一年です。私は、その保険代理店の石垣支店に赴任し、石垣支店長兼営業として働いていました。赴任して一～二年は、そこそこの営業成績でありました。ところが二〇〇四年頃から営業成績が急激に悪くなりました。その保険代理店は、九州管内では常に上位一〇位に入る程の成績優秀店でありました。その保険代理店の本社は福岡にあり、月に一度はその社長が福岡から石垣に来ていました。私の成績が落ちたのを見て、その社長から、怒鳴られたり、平手打ちをされたり、蹴られたり、しまいにはタバコの火を腕に押し当てたりと、ひどい虐待にあいました。しかし、それでも私は、成績を上げようとして頑張りましたがダメでした。その社長の事を考えると夜も眠れず、眠る前に酒を飲むという日々が続き、アルコール依存となっていました。また、虐待を受けたことで、人と話したり接することが怖くなり、対人恐怖症となりました。営業マンとしては致命的です。今から一二年前の二〇〇五年の三月にその社長とその会社から私は逃げました。気付いたら那覇に来ていました。三九歳の時です。かといって、那覇には知人も、友人もいません。まして、手持ちのお金もほとんどありません。私は弱い人間で死ぬ勇気もなく、那覇市内の小禄ジャスコ（今のイオン）の裏の公園でホームレス生活が始まりました。私は以前、ホームレスの人たちを馬鹿にしていました。でも、まさか、自分がホームレスになる事は夢にも思っていませんでした。でも現実でした。

ホームレス生活は私にとって厳しく、辛く、孤独でありました。「毎日の空腹を満たすためには、どうしようか?」とそればかり考えていました。空腹を満たすためにデパートやスーパーの試食コーナーを回ったり、国際通りのお土産屋を回って空腹を何とか満たしていまいした。時には、一日の食事がちんすこう（沖縄のクッキーの様なお菓子）一かけらという事もありました。他にも、自動販売機の釣り銭を探して、毎日の空腹をしのいでいました。その様な生活をしている中、奥武山（おうのやま）公園で知り合った別のホームレスの方から「土曜日に那覇市の与儀公園に行くと食べ物がただでもらえる」という話を聞きました。私は一瞬「ただより怖いものはない」と頭をよぎりました。しかし、空腹でありましたので「だまされてもいいから与儀公園に行こう。ホームレスとなって失うものは何もない」と考え、次の土曜日に与儀公園へ行きました。そこでは、ＮＰＯ法人プロミスキーパーズの前進である、沖縄ベタニヤチャーチの方々が、ホームレスの人たちや困っている人たちに、ただでパンとお茶を配っておりました。私もただで、パン一個とお茶一缶を貰う事ができました。その時頂いたパンとお茶は私にとってどんなにありがたく、美味しかったことか、今でも忘れる事ができません。それから私は、毎週土曜日は欠かさず与儀公園へ行き、パンとお茶をもらいました。少々の雨、あるいは少々の台風であっても教会の人々は来て下さいました。私は、この世の中には、こんなに優しい人が居るんだと思い感動しました。以前、石垣島で虐待を受け、対人恐怖症となっていた私の心のとびらを優しくたたき続けて下さいました。また、時には、奥武公園では、別のホームレスの方が「荒木さん、お腹空いてるだろう」と言って、私に弁当をくださった事もありました。その人もお腹が空いているはずなのに、なんて優しいんだろうと思いました。この様な方々の心の温かさが、私の冷め切った心を少しずつあたためて下さいました。

その後、日曜日に教会に行くとカレーがただで食べられると言う話を聞き、毎週日曜日には礼拝に参加するようになりました。ホームレスのときは、孤独で話し相手もいませんでした。そんなときは、ろくな事を考えません。空腹なので、あのコンビニからおにぎりを盗もうか、あそこに設置してある募金箱を盗もうかとか、そんな事ばかりを考えていました。ところが、教会に行くと食事もただで食べられるし、私の話を聞いてくださいました。人間は、心の叫びを聞いてもらえると、それだけでも心が癒されます。本当に素晴らしい方々に出会えたと感謝しています。でも、今、改めて考えてみると、全て私が生まれたときから私を神様が守り導いておられた事を実感しました。具体的には、様々な試練がありました。例えば私が幼少の頃は公害病であるぜんそくでありました。また、虐待にあった事。それでもＮＰＯ法人プロミスキーパーズや沖縄ベタニヤチャーチの方々との出会いがあり、その中で人の心の温かさや、困っている人に対して、優しい思いやりの気持ちを持つ事の大切さを教会へ行って、また、教会の方々とふれあったり、話をしたりする事で学ぶ事ができました。

私は、以前虐待にあったことで、他の人をこの様な目に合わせたくないと思い、今では自分がどんなに馬鹿にされても怒りません。私は人との間に平和を保ちたいのです。感謝の気持ちを忘れない、どんなことがあっても感謝するという立場です。人とのあいさつでも「ありがとう。いつも感謝します。」という言葉を多く使います。これは聖書の中の教えでもあります。この様にＮＰＯ法人プロミスキーパーズの前進である沖縄ベタニヤチャーチの皆様に助けられ、今の私があると感謝しています。ホームレスのときは孤独で、嫌な思い、嫌な考えばかり、また、対人恐怖症であったのですが、教会に行くようになり教会の皆様のおかげでアルコール依存も対人恐怖症も治りました。さらには、人の暖かさにふれ、以前は詐欺師だった私を大きく変えて下さいました。心より、神様と教会の皆様、ＮＰＯ法人プロミスキーパーズの皆様に感謝いたします。今では、私自身が困ったとき、問題が起こったときは、たくさんの方々が私を励まし、助けて下さいます。感謝の一言につきます。

二〇〇五年三月に石垣島から沖縄本島に来て、ホームレス生活は約半年続きました。その後はＮＰＯ法プロミスキーパーズのスタッフとなり、公園を巡回してホームレスの人たちに食事を配ったり、話を聞いてあげる事ができています。さらに、二〇一二年には、障がい者の方々の就労支援事業所、オリーブの家でも働かせて頂きました。本当に私は、この世の中、こんなにも貧しい人、苦しんでいる人、あるいは助けを必要としている人が多いのだという事を実感しました。そして私たちはこの様々な方々を無条件で助けなければならないと思い行動しています。

二〇一六年より、沖縄市のゆがふ子どもサロン（子ども食堂）の赴任を言い渡され、ＮＰＯ法人プロミスキーパーズのスタッフとして働き現在に至っております。子どもサロンに赴任して、働く上での基本的な考えがあります。それは、子どもたちに対して、愛の心を持って接する事、子どもたちを決して怒らない事、子どもたちの話を聞いてあげる事。また、空腹である子どもたちにお腹一杯食事をしてもらう事。子供たちがあまりにも空腹であると、以前の私（ホームレスのときの私）の様に、盗みをしようかなど、悪い考えを持ってしまいます。私が体験した事を子どもたちに伝え、素直で明るい子どもたちへと育ってくれたら良いなと考えています。これが私の使命だと強く感じています。

また、子どもサロンで、あるいはＮＰＯプロミスキーパーズで働かせて頂いている中で、いずれにしても子どもサロン単独とか、ＮＰＯプロミスキーパーズ単独で、弱い人たちを助けることはできません。外国の方々の協力（ボランティア）もたくさんあります。皆様にお伝えしたいのは、この地域のご協力や市・町・村・県・国と様々なご協力を得て、子ども食堂の運営が成り立っているという事です。また、沖縄県外からもマスコミの皆様のご協力によって、お米などのたくさんの寄附があります。心から感謝申し上げます。

そして、最後に、おひとりおひとりが目の前の問題に取り組むときに、また、助けを求めている人、困っている人を見たときに、決して目をそらさずに、暖かい目と優しい心を持って手を差し伸べて、世の中を明るく、そして暖かく平和な世の中として変えていけたらと願っています。少々長くなりました。ありがとうございます。心から感謝して、私の話を終わらせて頂きます。

荒木さんの経験の中に出てきたＮＰＯ法人プロミスキーパーズの代表、山内昌良氏にもＮＰＯ法人プロミスキーパーズの前進である沖縄ベタニヤチャーチの頃からの思いがある。

―山内　昌良氏―

こんにちは山内と言います。私はキリスト教の牧師をしています。

那覇市に有ります、沖縄ベタニヤチャーチと言う教会で、一九九九年一一月に牧師の任命を受けました。任命を受けた時にキリスト教の最大の教えは、困っている人貧しい人を助けよう、悩んでいる人を助けようというのが聖書に書いてある最大の教えなのでした。

その教えを実践するためにはどのようにしたらよいのかを考えて教会を建てたのですが、困っている人、貧しい人、虐げられている人を助けるために教会は二四時間開けて駆け込み寺ならぬ駆け込み教会ということでスタートしたのです。そして、一年目の夏あたりにホームレスの方が駆け込んできまして、ホームレスの人も支援しようと、菓子パン、お茶を持って那覇市内の公園を巡回しました。しかし、余りにもホームレスの方々が多いという現状を見て、もし、苦しくて現状を脱却したければどうぞ教会に来てくださいと声を掛けて行きました。そうしてしばらくの間教会に居てもらうようにしたのです。教会は別に宿泊施設として作った訳ではありませんので、礼拝堂の中に寝泊りをしてもらっていましたが、あっという間に人数が増え四年目ぐらいに三〇名～四〇名位になり、この状況では一つの教会では支援して行くことが難しくＮＰＯを作って社会の皆様にもっと知ってもらおうということでＮＰＯ団体を立ち上げる事となりました。それでも困っている人達がどんどん増えている一方でした。そして、西原町に一つの閉まっている老人ホームが有ることを知り、銀行と購入に至る交渉が上手くいったんです。そこを購入したときには私達の教会には一五〇名位の方々が施設に来るようになっていたんです。それでＮＰＯ法人に切り替えようという事になったのです。そして二〇〇九年にＮＰＯ法人に切り替えました。

ＮＰＯ法人に切り替える時に非常に大きな問題が有りました。ＮＰＯは政治と宗教には関わらないという規約が入っているのですが、私は教会の牧師で支援している方々もほとんどが教会の信徒さん達でありますから、その辺で法人にしようか団体にしようか非常に悩みました。でも、法人にしないと公的機関、つまり行政との凝固な繋がりをもつ事が難しかったのです。ですから様々な所に相談に行きました。

法人にしてから我々の活動がもっともっと細かく深く出来る様になりました。那覇市を中心としまして様々な行政と関わりができました。

特に遺骨収集事業というのを手がけまして、厚労省に交渉しに行きました当時の厚労省の大臣が舛添さんでした。彼は沖縄の為にならと大変喜ばれまして、ましてそれがホームレスの方々の自立支援になるのならやりましょうという事で、面会したその場で大きな予算を組んでくれたのです。確か、六千万位だったと思います。そうして那覇市の方で遺骨収集事業を始める事が出来たのです。暫くしたら与那原町でも始める事が出来る様になり、遺骨収集事業を始めてから世間の皆様からホームレスの方々がこういう事までやってくれるのだということで認めて貰う事が出来たのです。

そういうことで困っている方がどんどん増えて行きまして、現在は、那覇市、西原町、うるま市の三箇所に拠点を設け、ホームレスの方々を支援しています。特に刑期を終え、法的な責任を終えて帰る場所がない人が非常に多かったので、刑務所から出てきた方々も私達が受け入れるようになりました。そして彼らをどの様に更生させようかと多くの弁護士の方々、そして多くの国の機関との連携が強くなりました。ホームレスの方々、そして刑務所を出てきた方々が、自立に向けてアパート暮らしを始め、そして就職し、結婚しましたという方々を多くつくり出す事が出来た次第であります。

この支援はずっと続けていまして、今は県の母子連と協力しながら母子家庭の支援もしています。また、支援をされる側だった方々が今度は支援する側になる事も出来ています。ホームレスだった方々が、自立して少しでも社会に恩返ししたい、そして刑務所を出てきた方々が社会の一員となれた、そんな彼らの力を借りて様々な支援が出来る様になったのですね。

うちのキャッチフレーズとしましては「自立する目的」というのが一つあります。社会に貢献しようという事は、それはまず税金を払う者になろうということなのですね。彼らはほとんどが今まで国や行政からの支援を受けて生活をせざるを得なかったので、いつまでも生活保護じゃなく、働いて税金を収められる身分に成るようにと教育してきました。それが今、花開いて来ているのです。

今は、三箇所の施設で大体一九〇名位の方々が協同生活しながら自立を目指している状態です。特に、キリストの教会を無くして、こういった活動が出来なかったというのも事実であります。教会のメンバーの皆様が朝から晩まで無償でその活動に従事してくれたからこそ、これだけ多くの方々を支援できたのです。大体二〇〇〇年から始まって約二六〇〇名の方々が私達の教会や施設に宿泊されて頑張って来ました。まだまだ、ホームレスの方々や家のない方々が多くいますし、刑務所を出て来る方も多くいます。私達の活動は恐らく終わる事が無いだろうと思って今活動している次第であります。そして、子ども食堂にも関われるようになってゆがふ教会と一緒に食堂がやれる、そしてスミス氏がやられているＮＰＯ団体ウーマンズプライドと一緒にやって行ける、そして糸満市にもう一つ教会を持っておりましてその教会でも子ども食堂やっており、子ども達に食事を提供する、居場所を提供する事は私達の大きな使命だと思って今そのような活動をしている次第であります。

ゆがふ子どもサロンの財務担当、こども担当スタッフの二人にも現場に携わるからこそわかる思いがある。

―矢島 政男氏―

―財務について―

財務担当の矢島です。

当ゆがふ子どもサロンの運営資金としましては現在、沖縄市の方から子どもの居場所支援事業ということで補助金を頂いております。その補助金を毎月計算しながら最後まで残るように節約をしながら、いま運営しているのが現状であります。

と言いますのも、全て皆様の税金が使われているから無駄なお金を一切使うことが出来ません。切り詰める所は切り詰めています。しかし、食事に関してはどうしても家はサロンという名前で運営していますが、食堂として運営をしているつもりですので、必ずオカズは二品位とご飯と飲みもの（味噌汁・スープ等）出しています。と言いますのもまず、お腹を満たしてもらわないと子供たちの心が満たされないのです。

運営資金的にはかなりの高額となっております。がしかし、補助金自体は使用用途がはっきりと決まっておりますので、足りない部分を一般企業や個人の方からの寄付金を頂いております。寄付金は、大体ですが前年度で一三〇万円位の寄付を頂いております。また、その他に献品としてお米・豆腐・卵・缶詰等必要な物の寄付を頂いております。それと並行しまして外国人ボランティアから消耗品の寄付を頂いているのが現状で、切り詰める所は切り詰め、必要なところには使う様にしているのですが、先日スタッフの無駄使いが発覚致しましたのでかなり強く叱った事もあります。

この運営資金に付きましては沖縄市から頂いており、毎月の報告書が大体五センチ程あります。細かく、細かくレシートの一枚、一枚を計算し一円でも合わなければ毎回怒られています。ですから毎日のレシートの管理、現金の管理、給与の管理をはっきりとしておかないといけないのです。

私は荒木さんと違ってもう一つの方ですが、昔、刑務所に入っていました。ＮＰＯに救われ今は

ＮＰＯの職員として働かせて頂いております。難しい財務の管理も、真面目に裏切ることは出来ないので真っ正直にダメなものはダメと言える自分に成ることを徹底し、今は現金の管理、お金の計算を大事な仕事としてやらせて頂いております。

今現在、私が直接やり取りさせて頂いる、アスクと言う沖縄市の一つの機関があるのですが、その職員の担当者がいますので毎日のように電話をしております。私もそうですが現場管理の荒木の方も毎日のように電話で話をしたり、メールでのやり取りをしています。その中でここが違う、あそこが間違っているといつもの様に怒られています。と言いますのも、役所には役所のやり方があるのですが、私たちには私たちのやり方が有りますので少しですが無理を押し通しているところもあります。しかし、今現在お金の計算違いを出したことはありません。使途不明金も一切ありません。はっきり言って皆様の税金を使わせて頂いている以上そこはきっちりとやらして頂いております。

―仲眞　なおみ氏―

―子ども達との関わり―

私はゆがふ子どもサロンで子ども担当のスタッフとして現場で常に子ども達と関わっています。子ども達はとても元気が良く、それが時にはスタッフを困らせる事もあります。私達も日々勉強させられています。人との関わりを、サロンで子ども担当として働く事で、子ども達と一緒に学んでいます。そして、若者と子ども達にはコミュニケーションを通じて人と関わる事の強さを味わって欲しいと思っています。サロンに来る子ども達は元気に遊び、元気過ぎてよく喧嘩もします。そして私達スタッフが注意する、これこそが「子育て」ですね。自分も沢山学びます。八月に子どもキャンプを開催しました。面倒な事に関わる事こそが、子ども達に関わる事と実感しました。①人の話をよく聞く②自分の思っている事を言葉に出して話す。と言う事がなかなか出来ない子達が多く、それを教えて行く事もとても大変です。

〈感謝と言葉の関係〉

人間は言葉を使う存在で、

① 本当の強さは喧嘩で勝つ事ではなく、自分が悪かったと悟って「ごめんなさい」と謝る事

② ごめんなさいと謝った事を受け入れる事

謝る事と許す事を子ども達には常に教えています。お互いの思いや状況を言葉にしてしっかり伝え、理解する時に自分が悪かったと言える事、それは大人にとっても大変難しい事ではありますが、子どもの時にこれを学ぶ事が出来ると、大人になっても人間関係をスムーズに維持する事が出来ます。

最近の子ども達の特徴は、キレやすい、怒られる事に弱いなどがあります。怒られる事で自分を否定されていると感じ傷ついてしまう子ども達が多く、その様な事から周りとの関係を形成出来なくなり、不登校や引きこもり、家庭内での断絶などに繋がるのではないでしょうか。この様な事に

向き合う事は面倒な事に向き合う事であり、これこそが本当の子育てではないでしょうか。そしてこの様な事から子ども達が強くなり、自分自身も強く成長して行くと現場では常に実感しています。

二匹の魚プロジェクト(Two Fishes Project)から見えてくる問題点を最後に挙げる。

—隠れた貧困—

日本の貧困は隠れた貧困と言われてる。世界にはストリートチルドレンと言われる子ども達が居て、日本とは違って貧困が見て分かる状況である。ゆがふこどもサロン利用者の子ども達の中にも送迎を嫌がる子や、家庭の状況を話すのを嫌がる子ども達が居る。この様な子ども達が実際どんな問題を抱えているかをどの様にしたら分かるのか？を常に私達は考えている。また、貧困だけではなく居場所が必要な子ども達はどの様な問題を抱えているのだろうか。

—養育費問題—

沖縄県の九割は協議離婚で、離婚後の養育費の取り決めがほとんどされていない。

日本は「子どもの権利条約」に批准している。養育費は子どもの権利であり、その権利を守る事は親の仕事である。日本の離婚制度は協議離婚だけではなく調停、裁判などもあるがあまり家庭裁判所を利用して離婚するケースは多くないのではないか。ゆがふこどもサロンでは今後問題を抱えている家庭、女性などのカウンセリングも行い、大学院で家族法と国際私法を専攻している、副代表スミス美咲を通じて日本の離婚制度、養育費、認知、国籍取得なども支援して行ければと思っている。

注

(1)【ゆがふ教会】九〇四-〇〇〇三　沖縄市住吉一—七—三五　代表　西銘 宜彦

(2)【NPO法人プロミスキーパーズ】http://www.promisekeepers.jp/　代表 山内 昌良

(3)【NPO団体 ウーマンズプライド】http://okinawawomenspride.blogspot.jp/?m=1　代表 スミス 美咲
所在地：「二匹の魚プロジェクト事務局」「NPO法人 プロミスキーパーズ中部支社」「NPO団体 ウーマンズプライド」九〇四—〇〇〇三　沖縄市住吉一—七—三五（ゆがふ教会内）

海兵隊の沖縄駐留の史的展開

―一九五〇年代と一九七〇年代を中心に―

野添文彬

野添　文彬・のぞえ　ふみあき
所属：法学部　地域行政学科　准教授
主要学歴：一橋大学経済学部卒、一橋大学大学院法学研究科博士課程修了
学位：博士（法学）
所属学会：国際政治学会、国際安全保障学会、日本政治学会、同時代史学会、日本防衛学会
主要論文及び主要著書：
単著
・『沖縄返還後の日米安保―米軍基地をめぐる相克』（吉川弘文館、二〇一六年、沖縄協会沖縄研究奨励賞・日本防衛学会猪木正道賞研究奨励賞受賞）
共著
・『日常化された境界―戦後の沖縄の記憶を旅する』（北海道大学出版会、二〇一七年）
・『沖縄と海兵隊―駐留の歴史的展開』（旬報社、二〇一六年）

※役職肩書等は講座開催当時

一　はじめに

二〇一七年六月の沖縄県の資料によれば、沖縄には、在日米軍の専用施設の約七〇・六％、兵力の七〇・四％が集中している。[1]その結果、沖縄では、米軍による事故、犯罪、騒音、環境破壊といった様々な問題が生じてきた。これが「沖縄基地問題」である。

戦後日本の安全保障政策は、日米安保体制を基軸としてきた。日米安保体制は、日本側が米国側に基地を提供する一方、米国側は日本に兵力を駐留させるという協力関係から成立していることから「物と人との協力」と呼ばれてきた。[2]ところが、日米安保の下で日本が提供する「物」＝米軍基地のほとんどが沖縄に存在し、沖縄は基地負担の大部分を担っている。この意味で、「沖縄基地問題」とは日本の安全保障政策や日米安保の構造的矛盾に他ならない。

沖縄には約二万六〇〇〇人の米軍が駐留しているが、その約六割の約一万五〇〇〇人を擁する最大の兵力が海兵隊である。また海兵隊の基地は、近年争点となっている宜野湾市の普天間基地とその移設先の名護市辺野古のキャンプ・シュワブなど、沖縄県内の米軍基地面積の約七三％を占めている（二〇一六年三月時点）[3]。それゆえ「沖縄基地問題」や日本の安全保障、そして日米安保のあり方を考える上で、海兵隊とは何かを理解することが不可欠である。

米国の四軍の一つである海兵隊は、伝統的に海上から陸上の敵地への上陸作戦（水陸両用作戦）をお家芸としてきたが、冷戦終結後は各国との共同演習や大規模災害支援・人道支援を重視するようになっている。海兵隊の特徴としてよく挙げられるのが、有事や危機の規模に応じて、司令部、航空部隊、陸上部隊、兵站部隊をセットにした組織形態をとって展開することであり、これを海兵空地任務部隊（ＭＡＧＴＦ）という。これによって海兵隊は、民間人救出や人道支援では二〇〇〇～三〇〇〇人規模の海兵遠征部隊（ＭＥＵ）、小規模紛争では約一万五〇〇〇人規模の海兵遠征旅団（ＭＥＢ）、大規模紛争では約五万人規模の海兵遠征軍（ＭＥＦ）という形態で、有事や危機に柔軟に対応することができるという。沖縄に駐留する海兵隊は、第三海兵遠征軍（ⅢＭＥＦ）であり、司令部がうるま市のキャンプ・コートニーにある。米海兵隊が有する三つの海兵遠征軍のうち、一つが米国外の沖縄にあることは、米海兵隊にとって沖縄が重要な場所であることを示している。(4)

一方、日本政府は、近年の中国の軍事的台頭や北朝鮮の核ミサイル開発など東アジアの安全保障環境の悪化を背景に、沖縄に駐留する海兵隊を重視している。二〇一七年度の『防衛白書』によれば、「地理的優位性を有する沖縄において、優れた即応性、機動性を持ち、武力紛争から自然災害に至るまで、多種多様で広範な任務に対応可能な米海兵隊が駐留することは、わが国のみならず、東アジア地域の平和や安全の確保のために重要な役割を果たしている」というのである。(5)

もっとも、海兵隊の沖縄駐留の意義については専門家の間で異論もある。かつて駐日大使だったマイケル・アマコストは、二〇一五年のインタビューで「沖縄に駐留する海兵隊が死活的に重要なものだとは私は思えません」と述べている。アマコストは、「沖縄に地上軍である海兵隊がいるのか」と疑問を呈し、海兵隊には機動性があるという議論についても「機動性といえば空海軍が主役です」と断言している。彼によれば、「沖縄の問題は、米国の予算獲得競争とつながっています」というのである。[6] また国防次官補もつとめたことのある、ハーバード大学教授のジョセフ・ナイも、「固定化された基地は現在でも価値はあるが、中国の弾道ミサイルの向上に伴って、その脆弱性を認識する必要が出てきました」とインタビューで述べている。その上で彼は、沖縄への基地の集中についても、「卵を一つのかごに入れれば、壊れるリスクが増すのです」と警鐘を鳴らした。そして、辺野古への普天間基地の移設について「沖縄の人々の支持が得られないなら、我々はおそらく再検討しなければならない」し、「辺野古に移しても、二〇年度後を考えると、固定化された基地の問題は解決されない」とも述べている。[7] さらに安全保障専門家で防衛相もつとめた森本敏は、二〇一二年十二月、防衛相退任時の記者会見で、海兵隊の沖縄駐留について、「軍事的には沖縄でなくてもよい」「政治的に考えると、沖縄がつまり最善の場所である」と述べ、大きな反響を呼んだ。

近年、沖縄県内でも海兵隊に対する問題意識は高まっている。前述のように、二〇年以上にわたって論争となっている普天間基地の名護市辺野古への移設問題は、海兵隊の沖縄駐留をどう考えるかということにかかわる。また安全性が疑問視されていた海兵隊の新型輸送機MV22オスプレイの沖縄への配備とその後の相次ぐ事故は、沖縄で反発を強めている。さらに二〇一六年五月には、元海兵隊員の米軍属の女性殺害事件をきっかけにして、沖縄県議会で在沖海兵隊撤退決議が採択された。

このような在沖海兵隊についてより深く理解するためには、その歴史を把握する必要がある。こうした問題意識から、本稿では、近年発表された最新の研究成果を踏まえつつ、海兵隊の沖縄駐留の歴史を日米関係との関連で検討することを目的とする。

本稿では、在沖海兵隊の歴史における二つの重要局面に注目する。一つは、一九五〇年代後半、海兵隊が日本本土から米軍統治下の沖縄へ移転する過程である。もう一つは、沖縄の施政権が米国から日本へ返還された一九七二年前後に在沖海兵隊が維持・強化される過程である。この二つの局面は、沖縄への米軍基地の集中が進んだという点で「沖縄基地問題」の歴史においても重要であった。五〇年代には、海兵隊の日本本土から沖縄への移転になどによって、日本本土の米軍基地は四分の一に減少する一方で、沖縄の米軍基地は約二倍に増えた。こうして、沖縄と日本本土にほぼ同じ規模の米軍基地が存在することになった。また、六〇年代末から七〇年代初めにかけては、日本本土の米軍基地がさらに急速に減少する一方で、沖縄の米軍基地はほぼ維持される。その結果、日本本全体の米軍基地の約七五%が、沖縄に集中することになった。またこの時期、日本本土からさらに海兵隊の兵力が沖縄へと移転した。そしてこの時期に形成された沖縄に在日米軍基地の約七〇%が集中するという構図は、ほとんど変わらないまま今日まで続いている（図1・図2参照）。本稿では、一九五〇年代と一九七〇年代という二つの重要局面を中心に海兵隊の沖縄駐留の歴史を検討するとともに、日米安保体制の歴史の中での在沖海兵隊の意義についても考えてみたい。

図1　米軍専用施設面積の推移

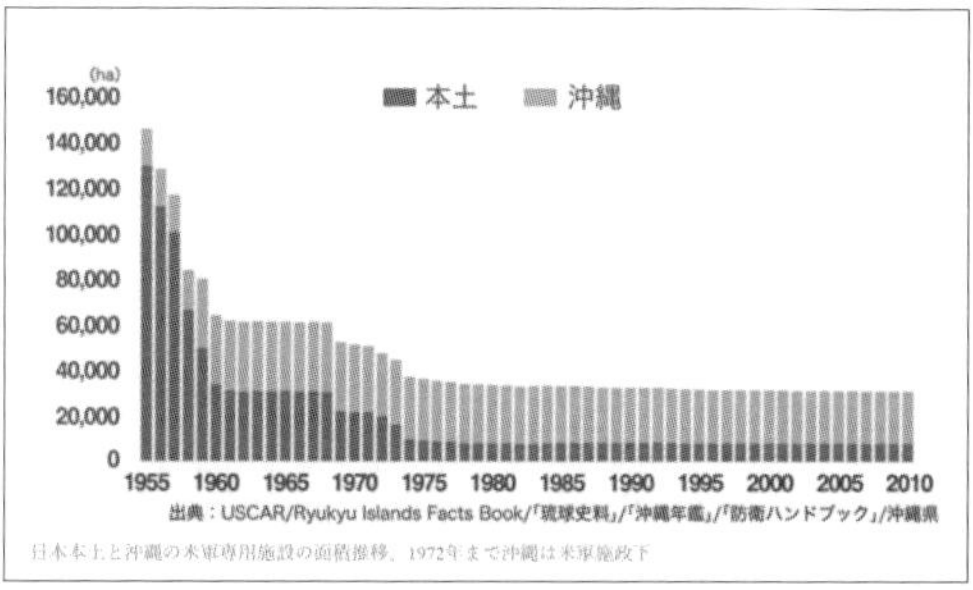

出典：オルタス・ジャパン「首都圏にも多かった米軍基地—その跡地から見えるもの」https://news.yahoo.co.jp/feature/752

図2　在日・在沖米軍兵力数比較

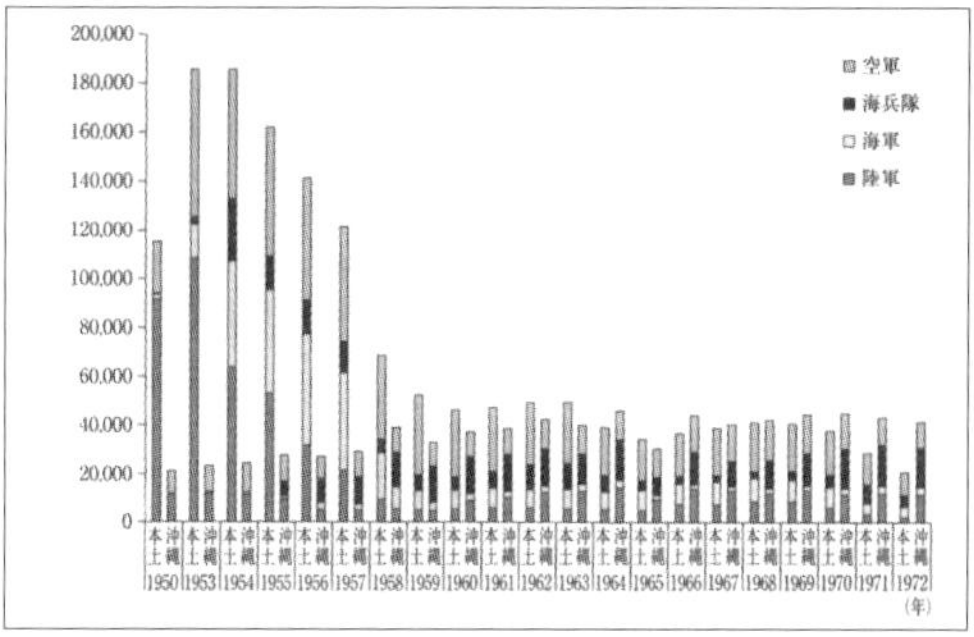

出典：屋良朝博、川名晋史、齊藤孝祐、野添文彬、山本章子『沖縄と海兵隊—駐留の歴史的展開』旬報社、2016年、177頁

二　一九五〇年代の海兵隊の沖縄移駐

そもそも沖縄に軍事基地が本格的に作られたのは、アジア太平洋戦争末期の沖縄戦においてだっ

た。沖縄戦における米軍の狙いは、沖縄を占領し、日本本土進攻作戦のための基地を確保することであった。一方、一九四四年三月に沖縄に設置された日本の第三二軍も、南西諸島に飛行場を設営することを主な目的としていた。[8] この点で、沖縄戦とは、沖縄の基地をめぐる日米の戦闘だったのである。なお、この沖縄戦には第一海兵師団、第二海兵師団、第六海兵師団という米海兵隊三個師団が参戦している。

沖縄戦を通じて米軍は、沖縄の戦略的重要性を認識するようになり、戦後も沖縄を米軍が保有するべきだと考えられていく。日本降伏後の一九四五年十月二三日に米統合参謀本部が作成した戦後基地計画ＪＣＳ５７０／４０では、沖縄は世界中の米軍基地の中で最も重要度の高い「主要基地」のカテゴリーに入れられた。[9]

当時、連合国軍総司令部最高司令官のマッカーサーは、沖縄の重要性について次のように述べている。すなわち、米国防衛のためのラインは、もはや米本国西海岸のカリフォルニアではなく、「マリアナ、琉球、そしてアリューシャンを通り、沖縄はそのカギとなる砦である」という。その上で日本防衛のためには「我々は、陸軍や海軍よりも空軍力に依存しなければならない」のであり、「沖縄を拠点とした十分な空軍力があれば、我々は、外からの攻撃から日本を守ることができる」のだった。[10] このようにマッカーサーは、沖縄を戦略的に基地として重視し、沖縄を基地化することで日本本土の非武装化も可能だと考えていた。なお、ここで沖縄に配備するべき兵力とされたのは主に空軍であった。沖縄は当初米軍によって海軍基地としても注目されたが、調査によって海軍基地として望ましくないと判断されている。[11]つまり、本来、沖縄に配備する兵力として海兵隊は想定されていた訳ではなかったのである。

第二次世界大戦後まもなく始まった冷戦がアジアにも広がる中、米国政府は沖縄を引き続き確保し、基地として整備していくことを決定する。一九五〇年に朝鮮戦争が勃発すると、沖縄の米軍基地はますます重要視されることになった。そして一九五一年九月、サンフランシスコ講和条約が調印され、連合国軍に占領されていた日本は主権を回復し、国際社会に復帰した。しかし沖縄は、日本に「潜在主権」があるとされたものの、米国が事実上戦略統治を続けることになった。また講和条約が調印された日、日本と米国は日米安保条約を調印し、講和後も日本は米軍に基地を提供し続けることになった。

さて、沖縄占領にかかわった海兵隊は戦後、沖縄を離れた。第二次世界大戦後、しばらくの間、海兵隊は、組織存亡の危機の時期だった。海兵隊は、平時に向けた米軍の再編によって大幅に人員を削減され、さらに核兵器の出現など軍事技術が進歩する中で時代遅れで不要だという批判が向けられることになったのである。こうした中、海兵隊の意義の米国内に知らしめることになったのが、朝鮮戦争である。特に一九五〇年九月、第一海兵師団を主力として敢行された仁川上陸作戦によって、米軍を中心とする国連軍は形勢を逆転させる。この戦果が評価され、一九五二年、米議会は「ダグラス・マンスフィールド法」を制定し、ここで海兵隊は三個師団、三個航空団が維持されることが定められた。もっとも、朝鮮戦争以降、米海兵隊は水陸両用作戦を実施していない。

日本に海兵隊が再びやってきたのは、一九五三年七月の朝鮮休戦協定調印後のことだった。日本に配備された海兵隊は、第三海兵師団であり、朝鮮戦争で活躍した部隊ではない。七月二三日、米国のアイゼンハワー政権は、海兵隊二個師団を極東地域に配備することを決定する。休戦協定調印後も中国が攻撃を仕掛けた場合などに韓国に即時に出撃できるよう、日本本土に海兵隊を配備することが最善だと考えられたのである。(12) こうして第三海兵師団のうち、八月に司令部がキャンプ岐阜へ、第三海兵連隊がキャンプ富士マクネイア（静岡県・山梨県）、第四海兵連隊がキャンプ奈良（奈良県）へそれぞれ配備された。十月に第九海兵連隊がキャンプ岐阜（岐阜県）に配備され、第九海兵連隊はその後、大阪のキャンプ信太山、さらにキャンプ堺へ移転する。(13)

朝鮮休戦協定の成立後、アイゼンハワー政権は、朝鮮戦争で膨れ上がった軍事費の削減に着手する。アイゼンハワー政権は、膨れ上がった軍事費を削減するために陸上兵力を大幅に削減する一方、核兵器を重視する「ニュールック戦略」を採用し、この戦略の下で韓国や日本本土から陸上兵力を撤退させていく。

このような中、アジアの冷戦下、インドシナと台湾海峡において危機が高まった。インドシナでは、一九五四年五月、ベトナムの独立を阻止しようとするフランスがディエンビエンフーの戦いで敗れ、インドシナ休戦のために七月にジュネーブ協定が締結された。しかし、この協定に満足しない米国は、この後もインドシナ半島への関与を継続する。さらに同じく五月から、中国軍によって第一次台湾海峡危機が勃発する。

これらの危機を背景に、七月二六日、ウィルソン国防長官は、第三海兵師団のほとんどを日本本土から沖縄へ移転させることを提案し（第四海兵連隊のみハワイへ）、この提案は二八日に国家安全保障会議で承認される。[14] 国防省国際安全保障局によれば、沖縄に海兵隊もしくは陸軍一個師団を配備することで、島嶼地帯の防衛を強化するとともに、アジアの同盟国に有益な心理的効果をもたらし、さらに日本本土においては日本の防衛力増強を促すことができるというのだった。もっとも米極東軍司令部は、沖縄にはすでに陸軍が駐留しており、海兵隊基地を建設する場所はないと反対した。統合参謀本部もまた、海兵隊ではなく陸軍一個師団を沖縄に配備するよう勧告し、海兵隊の沖縄移転には反対する。しかしウィルソン国防長官は、十二月九日、陸上兵力削減という基本方針の下、陸軍ではなく、日本本土に駐留する第三海兵師団を沖縄に移転させるよう指示した。[15]

海兵隊の沖縄移駐を考える上で、当時の日本本土における反基地運動の盛り上がりを見逃すことはできない。[16] この時期、特に、立川での米軍飛行場のための土地接収をめぐっては住民や労働者、学生、革新政党を巻き込んだ砂川闘争が起こる。こうした中、米軍の中でも特に地上軍を日本から撤兵させる必要が日本政府内でも認識されつつあった。地上兵力の長期駐留は、日本国民にまだ占領が続いていると感じさせ、ひいては日米関係に悪影響を与えると考えられたのである。米国政府も、日本国内の反基地運動の高まりに対応するとともに日本の防衛力増強を促進するため、一九五五年四月の対日政策文書ＮＳＣ５５１６／１で米陸上兵力の日本撤退を明記する。[17] こうした中、海兵隊を米軍統治下の沖縄に移駐させることは、日本本土に駐留させるよりも「安上がり」と

考えられたのだといえる。(18)

こうして一九五五年七月、大阪のキャンプ堺から、沖縄のキャンプ・ナプンジャへ第三海兵師団のうち第九海兵連隊が移転する（写真1参照）。さらに一九五六年二月にはキャンプ岐阜から第三海兵師団司令部がキャンプ・コートニーへ移転した。(19) 一九五六年三月には、海兵隊の新基地建設のため、辺野古と金武で大規模な基地建設工事が発表され、十二月に辺野古で軍用地接収の契約が結ばれている。

しかしこの時期、沖縄では米軍による軍用地のための強制的な土地接収と低額な地代の一括支払いへの現地住民の反発から、「島ぐるみ闘争」と呼ばれる激しい反対運動が広がっていた。こうした状況から、一九五六年四月には、ウィルソン国防長官は、アイゼン

写真1

PACIFIC STARS AND STRIPES
UNOFFICIAL PUBLICATION OF UNITED STATES FORCES FAR EAST
Vol. 11, No. 143 ★★★★★ Tuesday, May 24, 1955

9th Marines to Move to Okinawa

U.S. Hails Formosa Peace Bid

Compiled From Wire Services
Under Secretary of State Herbert Hoover Jr. said Tuesday the U.S. welcomes recent Formosan peace bids by the Chinese Reds.

"We welcome the further recent statement of Chou En-lai that his regime may be willing to renounce war and accept peaceful processes in relation to the Formosa area," Hoover declared in an address before the Los Angeles World Affairs Council.

Dr. K. Wellington Koo, Nationalist China's ambassador to the U.S., raised hopes for a peaceful settlement in the Formosa area by saying that a truce in the Formosa Strait is possible if the Chinese Communists just quit shooting.

Unit to Begin Shift Soon, AFFE Says

ZAMA, Japan (AFFE/8thArmy)—The 9th Marine Regt. will be redeployed from Japan to Okinawa, General L. L. Lemnitzer, AFFE/Eighth Army commander, announced Monday.

The reinforced regiment, a unit of the 3d Marine Div., will begin moving to bases on Okinawa in the near future.

The move, which has been planned for some time, was delayed until facilities for a reinforced Marine regiment on the island were completed.

(The 9th Marine Regt. Hq. is at Camp Sakai and the troops are stationed in camps in the Osaka area.)

The 9th arrived in Japan in July, 1953. Col. Cliff Atkinson Jr. is the regimental commander.

第九海兵連隊がキャンプ堺から沖縄に移転することを伝える米軍準機関紙Star and Stripes 1955年5月24日の記事（一橋大学経済研究所図書館所蔵、山本章子氏提供）。

ハワー大統領への覚書で、沖縄にこれ以上の基地を建設するのは賢明ではないというラドフォード統合参謀本部議長の見解を紹介した。その上でウィルソンは、海兵隊は東南アジアの紛争に対応できるよう、グアムに再配備することが望ましいと提案する。ウィルソンは、これまで海兵隊の沖縄移転に積極的だったが、第一次台湾海峡危機の収束と「島ぐるみ闘争」に見られる沖縄現地の政治情勢から、海兵隊の移転を疑問視し始めたのである。[20]

ところが一九五七年一月三〇日、群馬県相馬ヶ原演習場で、米兵が日本人女性を射殺するという「ジラード事件」が起きる。この事件やそれ以外にも当時頻発していた米兵による事件に対し、日本国内では反発が高まった。五月八日、安川壮外務省欧米局第二課長は、スナイダー駐日大使館書記官との会談で、「在日米軍陸上兵力の全撤退」、具体的には陸軍第一機甲師団と第三海兵師団の第三海兵連隊の日本からの撤退を要請する。アイゼンハワー大統領も、現地の米軍を削減するための抜本的な解決策をとらなければ日本国内の反米感情がさらに高まることを恐れ、六月に予定されていた岸信介首相の訪米に合わせて、米軍の撤退の具体的内容を検討するよう指示したのである。[21]

こうして六月二二日、岸訪米時に発表された日米共同声明では、米陸上戦闘兵力の撤退が合意された。これを受けて、日本本土にいた海兵隊も早急な移転を求められることになる。前述のように検討されていたグアムへの移転は基地建設のための軍用地確保の必要があったのに対し、沖縄では辺野古や金武ですでに海兵隊の基地が確保されていた。こうしたことを踏まえ、八月に第三海兵師団の第三海兵連隊の全部隊が沖縄へ移転するよう指示が下される。統合参謀本部によれば、第三海兵師団の沖縄駐留の目的は、「南ベトナムへのベトミンの侵略に対する反撃と、ラオスにおいて共産主義勢力を鎮圧しようとしているラオス国軍に対する支援」であった。[22]

すでに五七年三月には第三海兵連隊の一部がキャンプ富士マクネイアから沖縄のキャンプ瑞慶覧へと移転していた。[23]その後海兵隊のグアム移転案も検討されたものの、ジラード事件と日米共同声明を受けて、第三海兵連隊のすべてが日本本土から沖縄へ移転し、海兵隊の沖縄駐留が規定路線となったといえよう。こうして海兵隊の移転とともに、沖縄の米軍基地は大きく拡張された。この時期に、キャンプ・シュワブ、辺野古弾薬庫、北部訓練場、キャンプ・ハンセンなどが建設されている。空軍が管理していた普天間基地も、一九五六年十二月、海兵隊も使用できるようになり、一九六〇年五月には海兵隊へ移管された。こうして沖縄の基地面積は、五〇年代を通じて約一・七倍に拡張された。[24]

しかし、日本本土から沖縄へ海兵隊が移駐し、沖縄の米軍基地が拡張されたことに対し、沖縄現地では反発の声もあがった。当時の立法院議員は、「本土における米駐留軍の引上げによるシワ寄せが沖縄に波及して来ている面もあるので日本政府としても日本全体の問題としてとり上げていただきたい」と述べている。[25]

こうして、一九五〇年代、海兵隊は日本本土から押し出されるようにして沖縄へ移転した。また同じ時期の一九五四年末から五五年初めにかけて、沖縄には核兵器が配備される。沖縄に核兵器が配備された背景には、日本本土では核兵器を配備できないという事情があった。そして陸上戦闘兵力が撤退した後の日本本土の米軍基地が兵站・補給拠点になっていく一方、沖縄の米軍基地は、インドシナ・台湾有事の出撃拠点となっていく。このように日本本土の米軍基地の役割が限定される中で、一九六〇年、日米安保条約が改定された。新安保条約の下で、米軍による日本防衛義務が明記されたり、在日米軍基地の域外使用をめぐって事前協議制度が導入されたりしたのである。(26)

三　一九七〇年代の在沖海兵隊(27)

一九六〇年代、沖縄の海兵隊は、ベトナム戦争のために出撃することになった。北爆の開始によって米国がベトナム戦争への本格的介入を開始した直後の一九六五年三月六日には、沖縄を根拠とする第三海兵師団の部隊約三五〇〇人が南ベトナムのダナンに上陸する。これは、ベトナムに投入された初めての米陸上実戦部隊だった。沖縄の第三海兵師団とその指揮下にある第三海兵連隊と第九海兵連隊はベトナムへ派遣される。(28)

しかし、ベトナム戦争が長期化する中で、米国政府は、一九六八年を境にベトナムへの関与やアジアにおける役割の縮小を模索し始める。そして日本国内の米軍基地への反発もあって在日米軍基地の縮小計画も策定された。こうした中で六八年十二月、国防省の国防長官室は、在沖海兵隊のうち、普天間基地の閉鎖などを提言する。もっとも、軍部の激しい反対によって、六八年の時点では、国防省による在沖米軍基地縮小計画は実現に至らなかった。(29)

沖縄での日本復帰運動の高まりなどを背景に、一九六九年十一月、佐藤栄作首相とニクソン大統領の間で一九七二年の沖縄の施政権返還が合意される。沖縄返還合意に至る日米交渉では、沖縄から核兵器を撤去するとともに沖縄に日米安保条約、特に事前協議制度を適用するという「核抜き・本土並み」返還が争点になった。[30] しかしここでは、沖縄米軍基地の規模については議論にならなかった。むしろ日本政府は、沖縄米軍基地を日本の安全保障上重視していた。一九六七年七月の外務省の文書では、軍事技術の進歩によってもはや沖縄に核兵器を配備する必要はないが、「極東地域に局地戦争が勃発した場合、海兵隊や戦闘爆撃機が即刻発進しうる態勢にあることが有効な抑止力として存在するためきわめて重要である」と考えられている。[31]

むしろ沖縄返還合意の時期、ベトナムからの米軍の撤退とともに、ベトナムに派遣されていた海兵隊が沖縄に再配備されている。一九六九年七月から八月にかけて第九海兵連隊がキャンプ・シュワブへ、十一月に第三海兵師団司令部がキャンプ・コートニーへ、同時期に第四海兵連隊がキャンプ・ハンセンへ、一九七一年八月には第十二海兵連隊がキャンプ・ヘイグへ、それぞれ再配備された。[32] また一九六九年十一月には、第一海兵航空団を構成する第三六海兵航空群が普天間基地を本拠地とする。[33] さらに七一年四月には、第三海兵水陸両用軍司令部がキャンプ・コートニーへ移転する。こうして在沖海兵隊は、一九六七年の約一万人から七二年の約一万六〇〇〇人へ増大した。[34] チャップマン海兵隊総司令官が七一年三月に米下院軍事委員会で説明したところによれば、ベトナムから再配備された日本と沖縄の米海兵隊は、いつでもベトナムに出動できる態勢になっていた。[35]

もっとも、日米両政府とも、沖縄米軍基地がこのままでいいとは考えていなかった。まず、沖縄では、日本復帰にもかかわらず、米軍基地が大して削減されないことに対して不満が高まっていた。一九七〇年十二月には、米兵による交通事件をめぐって沖縄住民の怒りが爆発し、住民が米兵の自動車を焼き払うというコザ暴動が勃発した。日本復帰後も沖縄では米軍をめぐる事件が頻発し、一九七二年九月には、キャンプ・ハンセンで、米海兵隊員が日本人の基地従業員を射殺するという事件が起き、基地反対運動が再び盛り上がりを見せた。

またこの時期、国際的には緊張緩和が進んでいた。一九七二年にはニクソン大統領が訪中し、米中和解が進展した。これを受けて同年、日中国交正常化も実現している。翌七三年一月には、ベトナム和平協定が調印された。このようにアジアにおいて緊張緩和が進展する中で、日本国内や沖縄現地では、さらに米軍基地を縮小するよう要求が高まったのである。

ニクソン政権は、ベトナムからの撤退を掲げるとともに、「ニクソン・ドクトリン」を発表して同盟国への負担分担を進めると同時に米国の対外関与を縮小させようとした。この方針は、在日米軍再編計画にも反映され、日米両政府間で、一九七〇年十二月には、三沢や板付などの米軍基地の返還が、また一九七三年一月には、関東地域の米空軍基地を集約する「関東計画」が合意された。

こうした中、取り残される形になったのが、施政権返還後の沖縄の米軍基地の整理縮小である。沖縄米軍基地の整理縮小をめぐる日米協議は、日本本土の米軍基地縮小をめぐる合意がひと段落した一九七三年に入って本格化する。注目すべきは、この時期、米国政府内で海兵隊の沖縄からの撤退が検討されていたことである。一九七二年末には、国防省のシステムアナリシスズの専門家によって、「沖縄から海兵隊二個連隊」を含む「太平洋のすべての海兵隊の資産を、カリフォルニアのサンディアゴに統合することが、かなり安上がりで、より効率的」だという結論が出されている。また国務省内では、沖縄の海兵隊を韓国に移転させるという構想も検討された。このような議論を反映する形で、国務省は、国家安全保障会議の検討作業で、一九七七会計年度から一九七八会計年度には、韓国と沖縄からすべての地上兵力、つまり在韓米陸軍一個師団と在沖海兵隊三分の二個師団（二個連隊）を撤退させる案を支持した。もっとも海兵隊撤退には、軍部が強硬に反対している。

一方日本側は、海兵隊の沖縄駐留の維持を要請した。すでに一九七〇年に日本本土から米軍が縮小された際、防衛庁内では、有事において米軍が来援するという「大きい前提の決め手となる人質がいなくなる」ことが懸念された。それゆえ沖縄の米軍基地や海兵隊は「抑制力として最低限必要なもの」と論じられていた。そして一九七三年七月の第四回日米安保運用協議会では、防衛庁の久保卓也防衛局長は、米国側に「米国がアジアの安全保障問題に関与し続けるという証拠」として、第七艦隊と、空軍及び海兵隊部隊によって構成される「機動戦力」からなる米国の軍事プレゼンスが維持される必要があると論じた。その上で久保は、「アジアにおける機動戦力の必要性を踏まえると、米国の海兵隊は維持されるべき」だと主張する。

海兵隊の維持を望む日本側の姿勢は、米国政府の政策方針にも反映されたと考えられる。少し後のことになるが、十一月、シュースミス駐日公使は、ワシントンへ次のように報告した。それによれば、日本政府内の一部では、沖縄の海兵隊は、「日本に対する直接的な脅威に即応する米国の意思と能力の最も目に見える証拠」だと認識されている。それゆえ、日本政府内の海兵隊重視が強まれば、「我々の交渉上の梃子は強化される」というのだった。前述のように、当初、国務省や駐日大使館では、沖縄からの海兵隊の撤退を支持する意見があった。ところが日本政府が海兵隊を重視していることを受けて、これを維持し、むしろ「交渉上の梃子」として利用することが構想されていったといえる。

こうして八月、ニクソン政権は、国家安全保障決定覚書二三〇「アジアにおける米国の戦力と兵力」を決定する。ここでは、在沖海兵隊を含め、韓国、日本、沖縄、フィリピンの現在の米軍の兵力レベルを今後五年間維持することが明確化された。その際、この地域における米軍のプレゼンスの維持は、米国がこの地域の安全保障に関与するという「決意の最善の証拠」だと考えられたのだった。一九七四年一月、沖縄米軍基地の整理縮小をめぐって日米両政府が合意したが、その内容は限定的なものだった。

また一九六〇年代末以来、米国政府内では、沖縄返還後の沖縄米軍基地やその他の西太平洋における米軍基地が、現地での反発から使用できなくなることを予想し、マリアナ諸島に基地を建設する計画を進めていた。この作業は七〇年代に入っても継続されていた。特にテニアンは、「返還前まで沖縄に駐留していた戦略兵力や活動のための移転場所」として重視され、空軍部隊の他、沖縄に駐留しているのと同じ「海兵水陸両用軍の規模までの海兵隊の地上兵力」を支援する基地の建設が期待されたのだった。

しかし、一九七四年十一月には、統合参謀本部は、マリアナでの基地建設を大幅に縮小することにした。その理由は、統合参謀本部によれば、「明らかに、返還後の数年間で、東京は、沖縄における現在の米軍のレベルを積極的に受け入れようとした」。それゆえ、「沖縄の日本への返還は、当初予想されたように米軍基地を移転させることにはならなかった」のである。[36]

この後、一九七〇年代にはむしろ沖縄で海兵隊が増強されていく。この時期、沖縄では、米陸軍部隊が大幅に削減され、その司令部がキャンプ瑞慶覧から牧港補給地区へと移動した。これに代わってキャンプ瑞慶覧には海兵隊基地司令部が移転する。これとともに、それまで陸軍司令官が務めていた在沖米軍の四軍調整官を、海兵隊司令官が務めることになった。一九七六年四月には、岩国にあった第一海兵航空団司令部の一二〇〇人と航空機が沖縄のキャンプ瑞慶覧と普天間基地に移転する。第一海兵航空団司令部の沖縄移転によって、空・陸の部隊の一体化が進み、訓練や作戦が効率化されるとともに、岩国の人口過密化が軽減されるというのがその理由だった。何よりも、第一海兵航空団司令部や第三海兵水陸両用軍の司令部、第三海兵師団の司令部を沖縄という同一場所に配置することは、海兵隊にとって「長年の願望」だと考えられたのである。[37] そして沖縄に駐留する第三海兵師団は、「西太平洋及びインド洋地域における即応態勢を維持し」、「地域の安定への米国の関与の高度に目に見える証拠」としての役割を果たし続けてきたとされる。[38]

このように在沖米海兵隊が維持されるのみならず強化される中、沖縄では、海兵隊員による女子中学生に対する暴行事件や、県道一〇四号線越えの実弾射撃訓練のため、海兵隊への反発が強まり、在沖海兵隊撤退要求が出されるなどしていた。また、第一海兵航空団司令部の沖縄移転への現地の反発も激しいものだった。一九七六年二月二八日には、沖縄県議会が第一海兵航空団の国外撤去を全会一致で決議した。[39]

一方、日本政府は、在海兵隊について、在日米軍の不可欠な要素として捉えていた。その際、重要だったのは、海兵隊が在日米軍の唯一の陸上実戦部隊だったことである。一九七五年二月の国会答弁で山崎敏夫外務省アメリカ局長は、日本で「陸軍は実戦部隊としては、ほとんどなくなっておる」中で、「海兵隊が唯一のそういう意味での主戦部隊としてお」り、「日本の防衛に寄与する」と説明している。[40]五月の国会答弁でも山崎局長は、約一万八〇〇〇人の規模を持つ在沖海兵隊について、「これは日本の防衛と極東の平和と安全のために最小限度必要な兵力」とも述べている。[41]第一海兵航空団の沖縄移転についても、国会でも浅尾新一郎外務省アメリカ局参事官は、「この問題は外務省がイエス、ノーと言う立場にございません」と述べるにとどまっている。[42]

さらにこの時期、日本全体では、世論の間で日米安保を支持する傾向が強まっていた。その背景の一つとして、日本本土の米軍基地が大幅に削減されたことが挙げられる。こうして、日本本土で米軍基地が目立たなくなることで、海兵隊の増強といった沖縄の米軍基地をめぐる問題は、日本全体の問題として考えられなくなっていったのである。

このように、一九七〇年代、日本本土では米軍基地が大幅に縮小される一方で、沖縄では海兵隊が維持・強化されたことで、沖縄返還後も沖縄への米軍基地の集中が進むことになった。そしてこの後、日本政府は在日米軍駐留経費の経費を負担するという、いわゆる「思いやり予算」を通して、財政的に沖縄を含む在日米軍のプレゼンスを支援することで、沖縄への米軍基地の集中という構図が固定化されていった。このような土台の上に、一九七八年には、「日米防衛協力のための指針」が作成され、これ以降、自衛隊と米軍の協力が進展していくのである。[43]

四　おわりに

一九五〇年代と一九七〇年代は、海兵隊の沖縄駐留の歴史とともに、「沖縄基地問題」や日米安保体制の歴史においても重要な時期だった。

朝鮮戦争後の米軍再編が行われていた一九五〇年代半ばには、海兵隊が日本本土から沖縄へ移転した。日本本土での反基地運動の高まりとともに、米軍の中でも特に陸上戦闘部隊である海兵隊は、「占領の負の遺産」と見なされ、当時米軍統治下にあった沖縄へと押し出されるようにして移転したのである。沖縄の海兵隊には、台湾や東南アジアの有事に対応するという任務が与えられたが、後付けのものであったという印象を否めない。そして、この時期、大幅に日本本土の米軍基地が縮小する一方で、海兵隊が沖縄に駐留することになったことで、沖縄では米軍基地が大幅に拡大し、沖縄への米軍基地の集中が進んだのである。

一九七〇年代には沖縄返還が実現するとともに、ベトナム戦争終結を見据えた米軍再編が行われる中、沖縄では海兵隊が維持されるだけでなく、強化された。沖縄返還直後、ベトナム戦争で疲弊した米国政府内では、海兵隊を沖縄から撤退させるという議論も浮上した。しかし、米国政府は海兵隊を沖縄に駐留させ続けるという決定をし、むしろ一九七〇年代に在沖海兵隊は増強される。この間、日本政府は、海兵隊が沖縄に駐留し続けることを望んだ。この時期には、日本政府は、日本本土に在日米軍のうち地上戦闘部隊がいない中で、在沖海兵隊を日本国内における唯一の地上戦闘部隊であり米国による日本防衛コミットメントの証として重視したのである。同時期、日本本土の米軍基地がさらに大幅に縮小される中、沖縄では米軍基地がほぼ維持されたことで、沖縄への米軍基地の集中がさらに進むことになった。このような構図の上に、日米両政府は防衛協力を進める。

五〇年代と七〇年代の在沖海兵隊の歴史を振り返ると、海兵隊が沖縄に駐留してきたのは、軍事的理由からだけでは決してないことがわかる。米国政府内では沖縄以外の場所に海兵隊を移転させることがしばしば検討されたが、海兵隊が沖縄に駐留してきた背景には、日本本土での政治社会情勢や日本政府の要請があった。また、海兵隊の駐留に対する日本政府の見方は、五〇年代の「占領の負の遺産」から七〇年代の「米国による日本防衛コミットメントの証拠」へと転換した。

このように、海兵隊が沖縄に移駐し、維持・強化された一九五〇年代と一九七〇年代は、沖縄に基地負担が押し付けられる一方、日米安保体制が強化された時期だった。在沖海兵隊の歴史は、日米安保体制の構造的矛盾としての「沖縄基地問題」がいかに形成されてきたのかを照射しているといえよう。

注

(1) 沖縄県『沖縄から伝えたい。米軍基地の話』二〇一七年六月。

(2) 西村熊雄『サンフランシスコ平和条約・日米安保条約』(中公文庫、一九九九年)。

(3) 沖縄県知事公室基地対策課『沖縄の米軍及び自衛隊基地(統計資料集)』平成二九年三月、一〇頁。

(4) 屋良朝博、川名晋史、齊藤孝祐、野添文彬、山本章子『沖縄と海兵隊─駐留の歴史的展開』(旬報社、二〇一六年)、序章。近年の海兵隊についての組織論からの研究として、野中郁次郎『知的機動力の展開─アメリカ海兵隊の組織論的研究』(中央公論新社、二〇一二年)。

(5) 防衛省『平成二九年度 防衛白書』三一一頁。

(6) 『朝日新聞』二〇一五年六月二三日朝刊。

(7) 『朝日新聞』二〇一四年十二月八日朝刊。

(8) 『沖縄県史 各論編六 沖縄戦』(沖縄県教育委員会、二〇一七年)、三二、五八─五九頁。

(9) 宮里政玄『アメリカの対外政策決定過程』(三一書房、一九八一年)、一八九─一九一頁、我部政明『戦後日米関係と安全保障』(吉川弘文館、二〇〇六年)、第一部第一章、ロバート・エルドリッヂ『沖縄問題の起源─戦後日米関係における沖縄一九四五─一九五二年』(名古屋大学出版会、二〇〇三年)、第二章。

(10) *Foreign Relations of the United States 1948, Vol. VI,* doc. 519.

(11) アーノルド・フィッシュ（宮里政玄監訳）『沖縄県史　資料編十四　琉球列島の軍政』（沖縄県教育委員会、二〇〇二年）、六七頁。

(12) 山本章子『米国と日米安保条約改定―沖縄・基地・同盟』（吉田書店、二〇一七年）、四〇―四一頁。

(13) Reference Section, Historical Branch, *The 3D Marine Division and Its Regiments*, History and Museums Division headquarters, US Marine Corps, pp. 20, 28, 36.

(14) Robert J. Watson, *The Joint Chiefs of Staff and National Policy, History of the Joint Chief of Staff vol. V, 1953-1954*, Office of Joint History, Office of the Chairman of the Joint Chiefs of Staff, 1998, p. 240.

(15) 山本前掲書、四五―五二頁。

(16) 屋良朝博『砂上の同盟―米軍再編が明かすウソ』（沖縄タイムス、二〇〇九年）、八二―九八頁。

(17) 中島信吾『戦後日本の防衛政策―「吉田路線」をめぐる政治・外交・軍事』（慶應義塾大学出版会、二〇〇六年）、一五四―一六二頁。

(18) ＮＨＫ取材班『基地はなぜ沖縄に集中しているのか』（ＮＨＫ出版、二〇一一年）、三三頁。

(19) *The 3D Marine Division and Its Regiments*, p.9, 37

(20) 山本前掲書、五八―五九頁。

(21) 山本前掲書、六〇―六一頁。

(22) 山本前掲書、六四頁。

(23) *The 3D Marine Division and Its Regiments*, pp. 9, 19

(24) 林博史『米軍基地の歴史』（吉川弘文館、二〇一二年）、一二三―一二五頁。

(25) 鳥山淳『沖縄／基地社会の相克一九四五―一九五六』（勁草書房、二〇一三年）、二四八頁、鳥山淳「沖縄の占領と米軍基地」林博史編『地域のなかの軍隊　六　九州・沖縄―大陸・南方膨張の拠点』（吉川弘文館、二〇一五年）、二〇五頁。

(26) 山本前掲書、七三、二〇八頁。

(27) 本節は、野添文彬『沖縄返還後の日米安保―米軍基地をめぐる相克』（吉川弘文館、二〇一六年）、第三―四章の内容をもとにしている。

(28) *The 3D Marine Division and its Regiments*, p.5; Edwin H. Simmons *The United States Marines: A History 4th edition*, Naval Institute Press, 2003, pp. 246-247.

(29) 川名晋史「一九六〇年代の海兵隊「撤退」計画にみる普天間の輪郭」屋良ほか前掲書。

(30) 沖縄返還についての最新の研究として、中島琢磨『沖縄返還と日米安保体制』（有斐閣、二〇一二年）。

(31) 北米局「施政権返還に伴う沖縄基地の地位について」一九六七年八月七日、外務省「いわゆる『密約』問題に関する調査結果」関連文書三―九。

(32) *The 3D Marine Division and its Regiments*, pp.5, 9, 23, 29, 33, 37, 40, 44.

(33) "Marine Aircraft Group 36 History", http://www.1stmaw.marines.mil/SubordinateUnits/MarineAircraftGroup36/About.aspx.

(34) Department of Defense, *Active Duty Military Personnel Strength.*

(35) 『朝日新聞』一九七〇年三月十二日夕刊。

(36) 野添前掲書、第三章。

(37) CINCPAC, *Command History 1975*, pp.92-94

(38) *The 3D Marine Division and Its Regiments*, p.6

(39) 野添前掲書、一五六頁。

(40) 衆議院沖縄及び北方問題に関する特別委員会第三号、一九七五年二月二七日、国会会議録検索システム。

(41) 衆議院沖縄及び北方問題に関する特別委員会第四号、一九七五年五月二二日、国会議事録検索システム。

(42) 衆議院沖縄及び北方問題に関する特別委員会第三号、一九七六年五月二一日、国会会議録検索システム。

(43) 野添前掲書、第五章。一九七〇年代の日米安全保障関係については、吉田真吾『日米同盟の制度化』(名古屋大学出版会、二〇一二年)、武田悠『「経済大国」日本の対米協調』(ミネルヴァ書房、二〇一五年)など。

付記　本稿は、科学研究費若手研究B(研究課題番号26780120)の研究成果の一部である。

市町村合併の自治体財政への影響

―沖縄県内の合併を事例に―

平　剛

平　剛・たいら　つよし
所属：法学部 地域行政学科 准教授
主要学歴：琉球大学法文学部経済学科卒業、立命館大学大学院経済学研究科博士後期課程修了
学位：博士（経済学）
所属学会：日本財政学会、日本地方財政学会、沖縄経済学会、公共選択学会、他
主要論文及び主要著書：「基地関連財源と教育関係支出に関する実証分析」、『立命館経済学』、第五九巻第六号、二九五―三〇五頁、二〇一一年。「基地関連財源の県内自治体財政への影響」、『経済と社会』、第二六巻、三一―四一頁、沖縄経済学会、二〇一一年。「消費課税」、内山昭編著『財政とは何か』、第七章、一一五―一二九頁、税務経理協会、二〇一四年。
※役職肩書等は講座開催当時

はじめに

一九九九年、「市町村の合併の特例に関する法律（旧合併特例法）」が改正され、合併を促すため財政上の優遇措置が次々と打ち出された。これらの措置は、二〇〇五年三月三一日までに合併を申請をし、二〇〇六年三月三一日までに実施すれば認められるもので、それ以降、全国的に駆け込みの合併が相次いだ。

その後、旧合併特例法は、二〇〇五年の「市町村の合併の特例等に関する法律（新合併法）」に引き継がれ、特例措置の一部が手直しされた上で、二〇一〇年三月末（二〇〇九年度）まで合併を促す施策が続けられた。[1]

これにより全国の自治体数は、一九九九年度の三、二三二団体から二〇〇九年度には一、七二七団体へ大きく減少した。さらに二〇一六年三月末時点では、一、七一八団体となっている。

沖縄県内においても二〇〇二年四月に仲里村と具志川村が合併し、久米島町が誕生した。それ以降、二〇〇五年四月にはうるま市（石川市、具志川市、勝連町、与那城町）が、同年一〇月には宮古島市（平良市、城辺町、下地町、上野村、伊良部町）が、さらに翌年の一月には八重瀬町（東風平町、具志頭村）と南城市（玉城村、知念村、佐敷町、大里村）が相次いで誕生した。これにより、現在は一一市、一一町、一九村、合計四一団体で、一九九九年三月の五三市町村から五件の合併により一二団体減少した。

「平成の大合併」のピークは二〇〇四～二〇〇六年度であるとされる。それから一〇年余を経て、あらためて市町村合併の意義を問う研究が精力的にすすめられている。[(2)] その理由としては、合併に伴い作成されたまちづくり計画の該当期間が概ね一〇年で、その実績を検証すべき時期が来ていること、それに加え合併特例債や合併算定替といった合併に伴う一連の特例措置の期限切れが間近に迫っていることが挙げられる。

沖縄県においても、久米島町の誕生から一六年、八重瀬町と南城市の誕生から一二年が経過しようとしており、合併による自治体財政への影響を検証しておくことは重要だと思われる。

そこで、今回、歳入や歳出の主要項目についての分析を通して、県内の合併団体の財政上の特徴を抽出し、そこでの課題等を考えてみたい。

一　「大合併」実現の要因

短期間で「平成の大合併」が実現した理由として一般に挙げられるのが、合併算定替の延長や合併特例債の発行を認めるといった合併を促す施策が奏功したことである。そして、もう一点が「三位一体改革」による減収といった当時の自治体を取り巻く財政状況である。

合併算定替とは、合併後、一つの団体として算定すれば本来縮減されるはずの普通交付税を、合併後も旧市町村ごとに算定し、その合計額の交付を一定期間認める措置である。旧合併特例法の下では、合併後一〇年間という期限を設け、その間旧市町村ごとに算定した額を保障し、期限経過後もすぐに本来の算定(一本算定)を行うのではなく、五年間をかけて徐々に減らしていく措置がとられた。

次に合併特例債とは、新たなまちづくり事業に対する財政措置で、合併団体において策定された建設計画に基づく事業や基金の積立で必要と認められるものは、合併後一定期間に限り、対象事業の九五%を起債によって賄うことが可能で、しかも、元利償還金の七〇%は後年度の基準財政需要額に算入できるというものである。[(3)] 大まかに言えば事業費の七割弱は国が負担するというもので、自治体としては事業費の三割程度あれば、事業の実施が可能となる。この制度は、「新合併特例法」においても若干の変更を施しながら継続された。[(4)]

最後に「三位一体改革」とは、二〇〇二年五月、小泉政権下における経済財政諮問会議で出された財政計画、俗称「片山プラン」をベースとしたもので、国庫支出金の見直しと地方交付税の改革、それに地方への税源移譲を同時に進めるとしたものである。これにより、二〇〇四〜二〇〇六年の三カ年で国庫支出金が約四・七兆円、地方交付税が約五・一兆円、それぞれ削減された。[(5)] 一方、税源移譲により地方への配分が約三兆円増加したものの、自治体の財源は差し引き約六・八兆円の減額となった。これは財源に乏しい自治体にとっていわば「兵糧攻め」といえるものであり、合併を加速させた「最大の要因」とも言われている。

つまり自治体が合併の是非を判断する際に「合併算定替の延長」や「合併特例債を認める」といっ

たものは「アメ」として機能し、「三位一体改革」による減収は「ムチ」の役割を果たしたとされる。

それではなぜ国が合併を促すのか。それには国の厳しい財政事情があるとされる。

図１は縦軸に一人当たりの基準財政需要額と基準財政収入額を、横軸に人口規模をとったものである。一般に一人当たりの基準財政収入額は、人口規模に比例して増加すると言われている。これは各地域の経済力（税収）が人口規模に比例して増加すると考えられるためである。

一方、一人当たりの基準財政需要額は、U字型になるとされる。これは、「規模の経済」が作用することで人口が一定規模に達するまで一人当たりの金額は減少するが、それを超えると、今度は増加に転じると考えられるからである。[6]

先行研究による実証分析では、理論的に二四万一、二八五人の規模で一人当たりの基準財政需要額は最低となる。[7]これは国が市町村に対して合併を促した理由の一つである。

図１　人口規模による一人当たりの基準財政収入額と基準財政需要額

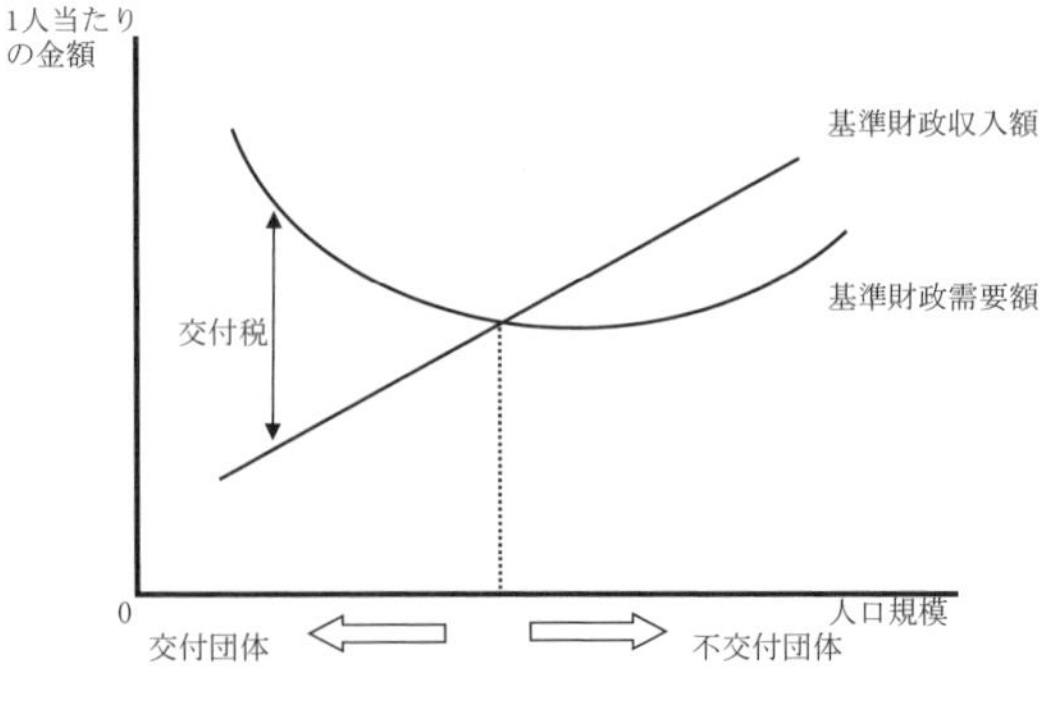

二　主な歳入項目の伸び率

沖縄県内における合併団体[8]と非合併団体[9]の主な歳入項目の伸び率を見たものが表1である。県内では二〇〇二年四月の久米島町誕生が最初の合併となる。そこで合併直前の二〇〇一年度と、公表されているもので最新となる二〇一五年度のデータを使い、主な歳入項目の伸び率を比較した。[10]

この表をみると、二〇〇一年度から二〇一五年度までの一四年の間に、歳入合計は合併団体で三〇・〇％増となっている。自治体個別の数値でも、宮古島市を除き軒並み二〇％台から四〇％台の増加となった。一方、非合併団体においても三一・〇％増となり、合併団体と非合併団体の間で差はほとんど認められなかった。

次に歳入項目を個別に見てゆくと、地方税は、合併団体、非合併団体とも二ケタ台の伸びとなった。合併団体の中では特に南城市の六〇・五％増、八重瀬町の六七・八％増と、沖縄本島南部の団体の高い伸びが目を引く。

表1　合併団体・非合併団体における主な歳入項目の伸び率
（2001年度・2015年度）

	うるま市	宮古島市	南城市	八重瀬町	久米島町	県内市町村計	合併団体	非合併団体
地方税	37.9	16.9	60.5	67.8	18.3	46.8	37.0	48.5
地方交付税	13.3	△ 2.3	9.6	△ 2.3	1.0	△ 5.3	4.7	△ 8.9
うち普通交付税	14.4	△ 2.8	9.0	△ 1.6	△0.3	△ 6.2	4.7	△ 10.1
うち特別交付税	2.6	1.7	15.4	△ 12.0	12.3	3.3	4.3	2.9
国庫支出金	42.2	△ 8.7	95.6	△ 13.7	10.0	15.1	22.9	13.8
地方債	73.9	53.0	100.4	17.9	98.5	13.6	62.2	2.9
歳入合計	43.6	8.2	46.9	28.9	32.9	30.8	30.0	31.0

資料）沖縄県企画部市町村課『市町村行財政概況』各年度版をもとに作成。

地方交付税のうち普通交付税は、合併団体が四・七%の増加となったのに対して、非合併団体では一〇・一%減少している。自治体別の数値では、うるま市や南城市で大きく増加し、宮古島市、八重瀬町、久米島町は軒並みマイナスとなった。それでも非合併団体と比べると小幅な減少に留まっている。

国庫支出金については、合併団体と非合併団体、ともに二ケタ台の伸びが見られた。ただ、国庫支出金はその対象となる事業の実施状況により年度ごとの増減が大きいため、本稿でこれ以上触れない。

最後に地方債については、合併団体が六二・二%増であるのに対して、非合併団体では二・九%増に留まり、両者間で顕著な差が見られた。国庫支出金と同様、起債額に関しては年度ごとに激しく増減する。ただ、優遇措置の一環として合併特例債の起債が認められたこともあり、以下であらためて取り上げる。

三　合併団体・非合併団体における普通交付税

合併算定替の財政への影響を検証するために普通交付税の配分状況を見ると、合併団体において、二〇〇一年度の約三七〇億九、四〇〇万円から二〇一五年度には約三八八億五、〇〇〇万円へと四・七%の増加となった。

一方、非合併団体においては、同期間、約一、〇三一億九、六〇〇万円から約九二七億四、六〇〇万円へ、合併団体とは対照的に一〇・一％減少した。

年度毎の伸び率を見ると、合併団体では、二〇〇四年度から二〇一一年度まで八年間連続で前年度を上回る伸びがみられた。特に二〇〇六年度と二〇〇九年度、二〇一〇年度は、五つの合併団体すべてで前年度比増となった。

一方、非合併団体でも二〇一〇年度は前年度比一〇・六％増と高い伸びがみられたものの、期間を通して見ると合併団体の方が総じて伸び率が高い。

このことは、県内市町村全体の普通交付税のシェアからも明らかとなる。二〇〇一年度において合併団体のシェアは二七・四％だった。その後、緩やかにシェアを伸ばし、二〇一五年度は二九・五％と三割弱を占めるまでになった。

それに対して非合併団体では、同期間七二・六％から七〇・五％へとシェアを落としている。

図２　合併団体・非合併団体における普通交付税の伸び率

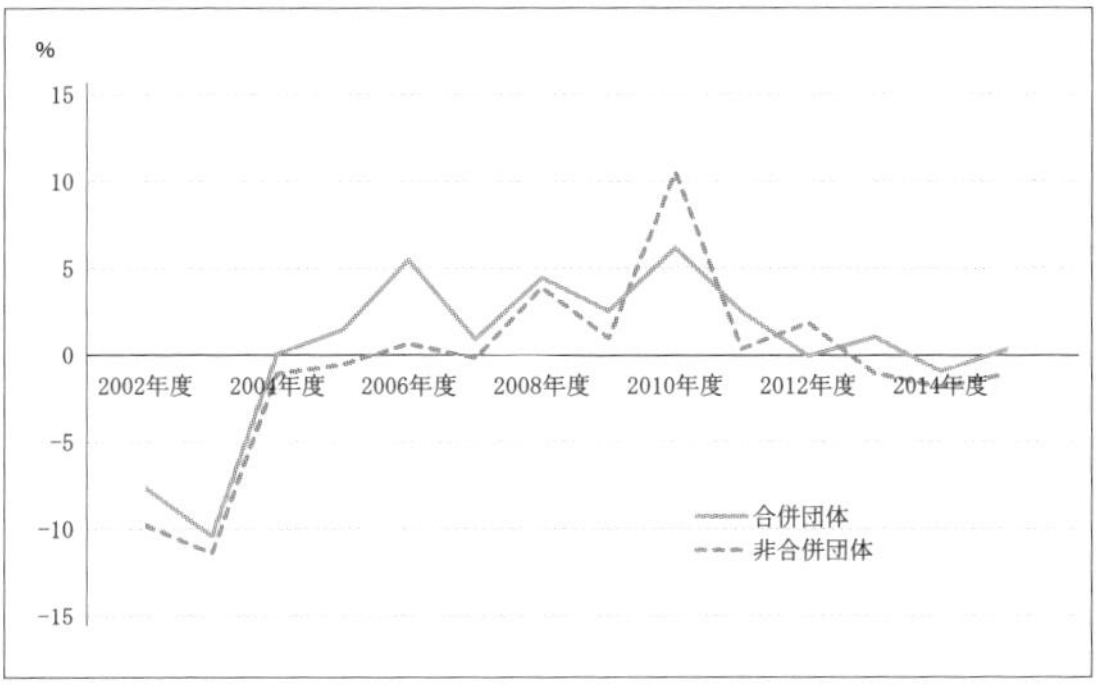

資料）表１に同じ。

このように国の厳しい財政状況を反映し普通交付税の配分額が全国的に伸び悩む中、合併団体においては、合併算定替延長の影響もあって相対的に多目に配分されている。

四　合併団体・非合併団体における地方債

次に合併特例債の影響を検証するため、地方債の発行状況を見た。合併団体においては、二〇〇一年度の約九五億三、六〇〇万円から二〇一五年は約一五四億六、三〇〇万円へと、六二・二％もの大幅な増加となった。

一方、非合併団体においては、同期間約四三一億七、五〇〇万円から約四四四億一、二〇〇万円へ二・九％の増加に留まっている。

年度毎の伸び率を見ると、合併団体、非合併団体のグラフとも増減が激しい。合併団体においては、二〇〇二年度と二〇〇三年度において、それぞれ前年度比三四・三％増、一八・二％増と高い伸びが見られた。その後、増減を繰り返しながら、横ばい傾向で推移し、二〇一四年度と二〇一五年度はそれぞれ同一一・四％増、一五・二％増と再び大きく増えた。その要因は後述するように特例債の駆け込みとも言える発行によるものである。

県内市町村に占めるシェアを見ると、合併団体においては、二〇〇一年度の一八・一％から、二〇〇六年度には二八・六％にまでシェアを高め、その後、低下が見られたものの、二〇一四年度以降は再びシェアを拡大し、二〇一五年度は二五・八％となっている。

県の資料で合併特例債発行額のデータが得られるのは二〇一一年度以降であるが、二〇一四年度から二〇一五年度にかけてのシェア拡大は合併特例債発行増の影響が顕著に表れたためである。

五　主な歳出項目の伸び率

歳入と同様に、主な歳出項目について、二〇〇一年度と二〇一五年度のデータを比較した。

人件費については、合併団体、非合併団体とも二桁のマイナスとなった。退職職員の不補充や一部業務の民営化など、どの自治体でも行政改革推進により経費の削減が進められている。人件費の減少もその取り組みを反映したものであると考えられる。

扶助費に関しては、合併団体、非合併団体とも三桁台の増加となっており、これが歳出総額の増

図３　合併団体・非合併団体における地方債起債額の伸び率

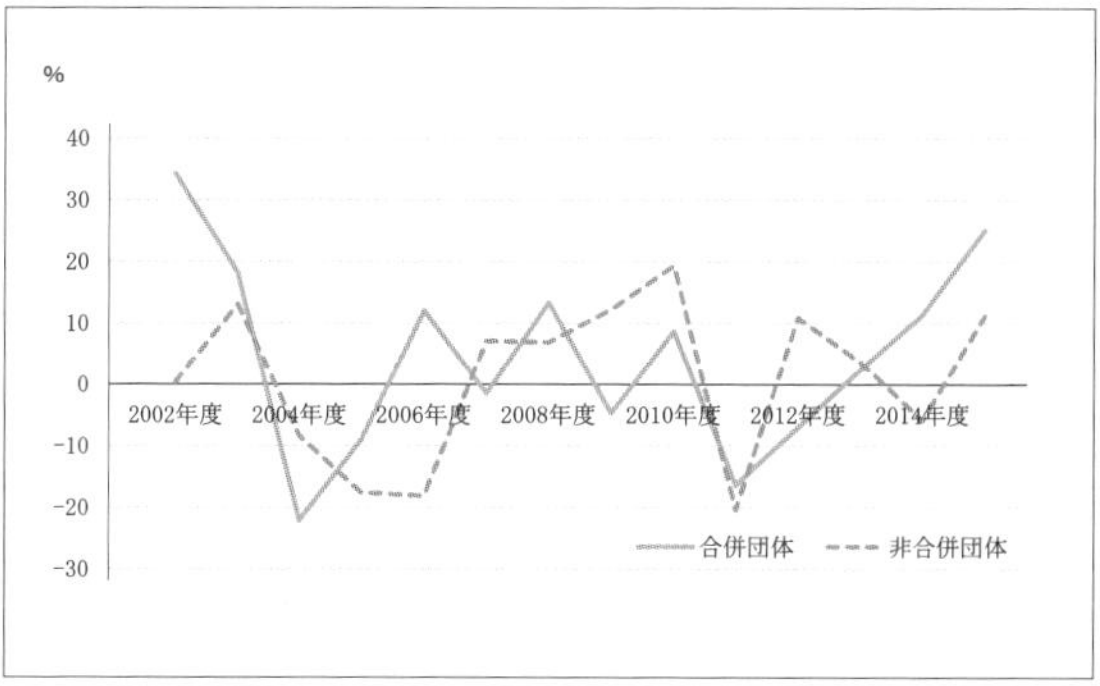

資料）表１に同じ。

加につながっている。高齢化の進展に伴う関連経費の増加に加え、町村においてこれまで県が負担してきた生活保護費を、合併後自ら負担するようになったことも支出増の要因である。

また公債費に関しては、合併団体で七・五％増と大きく増えているのに対し、非合併団体では一・七％のマイナスとなっており、両者間で対照的な動きが見られた。

その他、普通建設事業費については、合併団体で一一・九％減、非合併団体で一九・九％減と両者ともに二桁台のマイナスとなった。さらに物件費に関しては合併団体で三三・九％増、非合併団体で四七・三％増と両者とも二桁台の伸びとなった。業務の民間委託や非正規職員の増加に伴い、全国的に人件費が削減されるなか、逆に「委託料」が増える傾向にあり、物件費の増加はこのことを反映したものだと考えられる。

以下、合併団体・非合併団体間で対照的な動きが見られた公債費と、先行研究において合併に伴い増加が指摘されている普通建設事業費の状況を検討していく。

表２　合併団体・非合併団体における主な歳出項目の伸び率
（2001年度・2015年度）

	うるま市	宮古島市	南城市	八重瀬町	久米島町	県内市町村計	合併団体	非合併団体
人件費	△ 22.0	△ 18.4	△ 38.2	△ 20.1	△ 0.9	△ 17.3	△ 21.9	△ 16.1
扶助費	235.2	185.6	328.7	332.1	348.1	203.2	243.0	196.1
公債費	38.3	△ 31.2	32.7	43.2	23.8	0.3	7.5	△ 1.7
普通建設事業費	14.5	△ 23.7	9.0	△ 40.3	△ 34.1	△ 18.4	△ 11.9	△ 19.9
物件費	25.0	30.3	50.3	44.3	44.4	44.6	33.9	47.3
歳出合計	39.3	4.7	45.5	30.3	3.3	28.2	24.9	29.0

資料）表１に同じ。

六　合併団体・非合併団体における公債費

公債費に関して、合併団体では、二〇〇一年度の約一二二億五、一〇〇万円から二〇一五年度の約一三一億七、四〇〇万円へ、七・五％増加した。一方、非合併団体においては同期間四三七億五、〇〇〇万円から四二九億八、七〇〇万円へと、逆に一・七％の減少となった。

年度毎の伸び率で見ると、二〇一一年度から二〇一三年度にかけての伸びが著しい。特に二〇一一年度はうるま市や宮古島市、南城市において軒並み大きく増加したことにより、前年度比一一・二％増と、期間を通して見ても突出した伸びとなった。

一方、非合併団体においては、二〇〇七年度に前年度比九・六％と大きく伸びたものの、二〇〇八年度はその反動から同七・二％のマイナスとなり、その後は横ばいで推移している。

図４　合併団体・非合併団体における公債費の伸び率

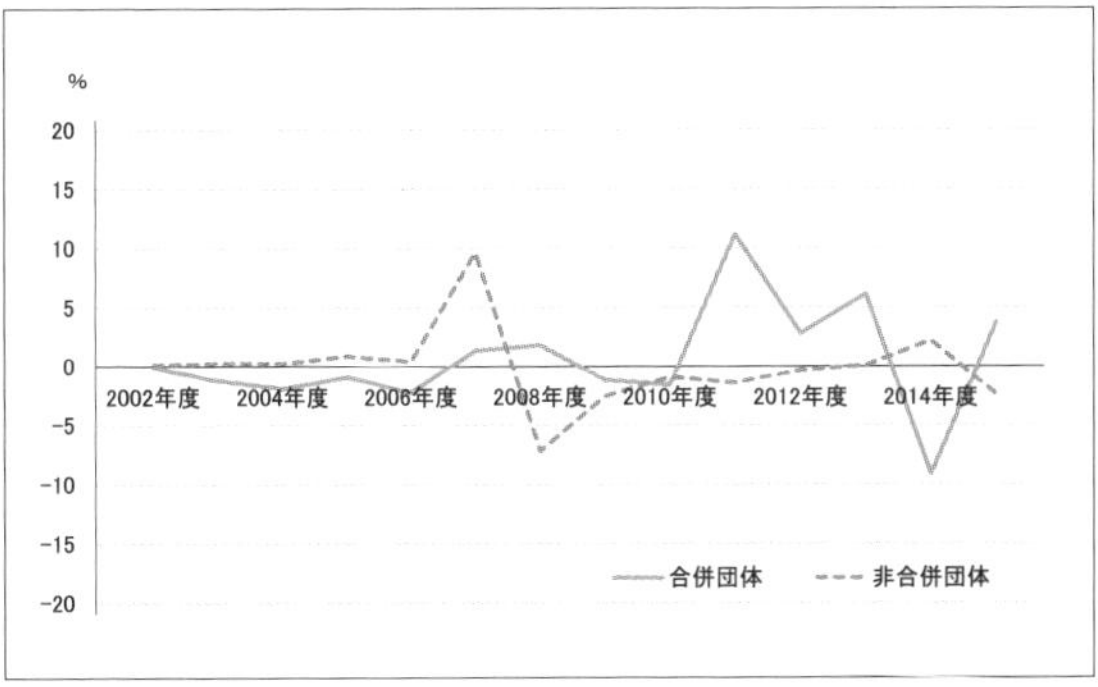

資料）表１に同じ。

二〇〇一年度から県内市町村全体に占める合併団体、非合併団体のシェアを見ると、合併団体は二〇〇一年度の二一・九％から二〇一三年度には二四・五％までシェアを拡大した。その後、二〇一四年度は二二・四％とシェアを減らしたが、二〇一五年度には二三・五％と再び上昇に転じている。

一方、非合併団体では、二〇〇一年度の七八・一％から二〇〇七年度には八〇・八％にまで上昇したものの、その後は低下傾向にあり、二〇一五年度は七六・五％となった。

七　合併団体・非合併団体における普通建設事業費

県外の合併市町村を対象としたいくつかの先行研究では、合併に伴い普通建設事業費の大幅な増加が報告されている。[11] これは主に合併特例債を活用した公共施設の整備が急ピッチで進められたことによる。

沖縄県内の合併団体では、二〇〇一年度の約三四九億円から二〇一五年度の三〇七億四、一〇〇万円へと一一・九％の減少となっている。非合併団体においても二〇〇一年度の一、四九二億二、七〇〇万円から二〇一五年度の一、二〇四億六、三〇〇万円へと一九・九％のマイナスとなった。

年度毎の伸び率を見ても、非合併団体と比べて合併団体の伸び率は特に高いわけではない。

合併市町村と非合併市町村の普通建設事業費シェアに関しては、合併団体で二〇〇一年度の一九・〇%から一時は二五・二%（二〇〇六年度）まで上昇したものの、最近では二〇一三年度が一七・九%、二〇一四年度が一八・四%、二〇一五年度が二〇・四%となっている。いずれにせよ合併を機に大きく増えたとは言えない。

ただし、二〇一三年度と二〇一五年度の大幅な伸びにみられるように、今後の政策動向次第では、社会資本整備が大きく増えることも考えられる。実際に宮古島市では約八〇億円かけて新庁舎の建設が予定されている。この事業では合併特例債の活用が見込まれている。(12)

八　合併団体の財政上の特徴

以上の結果をまとめると、沖縄県内における合併団体の財政上の特徴として、歳入面では、国の

図５　合併団体・非合併団体における普通建設事業費の伸び率

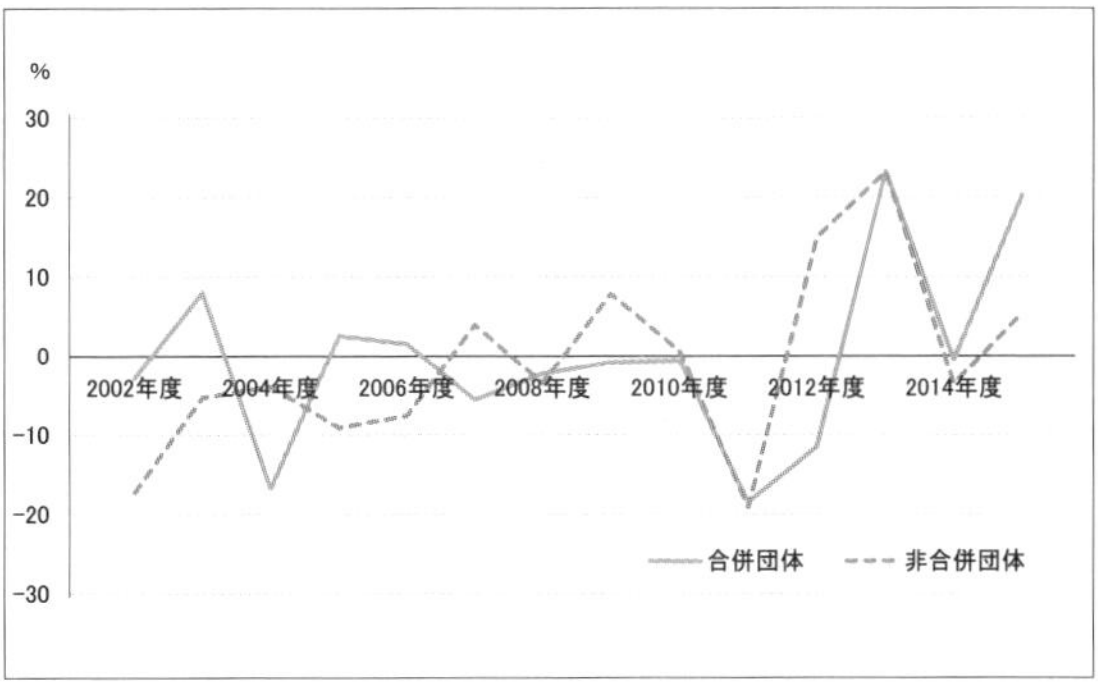

資料）表１に同じ。

厳しい財政事情を反映して、自治体へ交付される普通交付税が全国的に大きく減らされるなか、合併団体においては前年度を上回る伸びが続いているか、少なくとも比較的軽微な減少に留まっている。また、地方債に関しては、合併特例債といった優遇措置の影響もあって二ケタ台の増加が見られた。

一方、歳出面では、公債費について非合併団体が横ばいで推移しているのとは対照的に、合併団体においては増える傾向にある。また、普通建設事業費に関しては、先行研究で指摘されているような合併を機に大幅に増加するといった事例は見られなかった。

九　合併算定替の自治体財政への影響

これまで合併団体における財政上の特徴を非合併団体と比較しながら見てきた。そこでは合併に伴う優遇措置の影響が色濃く出ていた。

合併から一〇年以上経過し、合併算定替や合併特例債といった優遇措置もその期限が間近に迫っている。以下では、この二つの措置が合併団体の財政へ与えた影響について検証を行い、そこでの課題を考える。

図6は、県内の五件の合併が完了した翌年度（二〇〇六年）からの普通交付税額の推移をみたものである。これをみると二〇〇六年度の約三二九億円から二〇一五年度には約

三八八億五、〇〇〇万円にまで増加している。

そのうち網掛けの部分が算定替による加算額である。二〇〇六年度の六二億五、六〇〇万円から、二〇一一年度は約八三億六、七〇〇万円にまで増えたものの、その後減少に転じ、二〇一五年度は六〇億二〇〇〇万円となった。

合併から一〇年を経て、加算額は今後次第に減らされることとなっている。二〇〇二年の合併で誕生した久米島町では二〇一二年度から、他の四団体でも二〇一五年度より加算額の減額調整が始まっている。そのため、普通交付税に占める加算額の割合は二〇〇六年度の一九・〇%から二〇一一年度は二一・六%にまで上昇したものの、二〇一四年度は一八・八%、二〇一五年度には一五・五%まで低下していた。

図6　合併団体における普通交付税額の推移

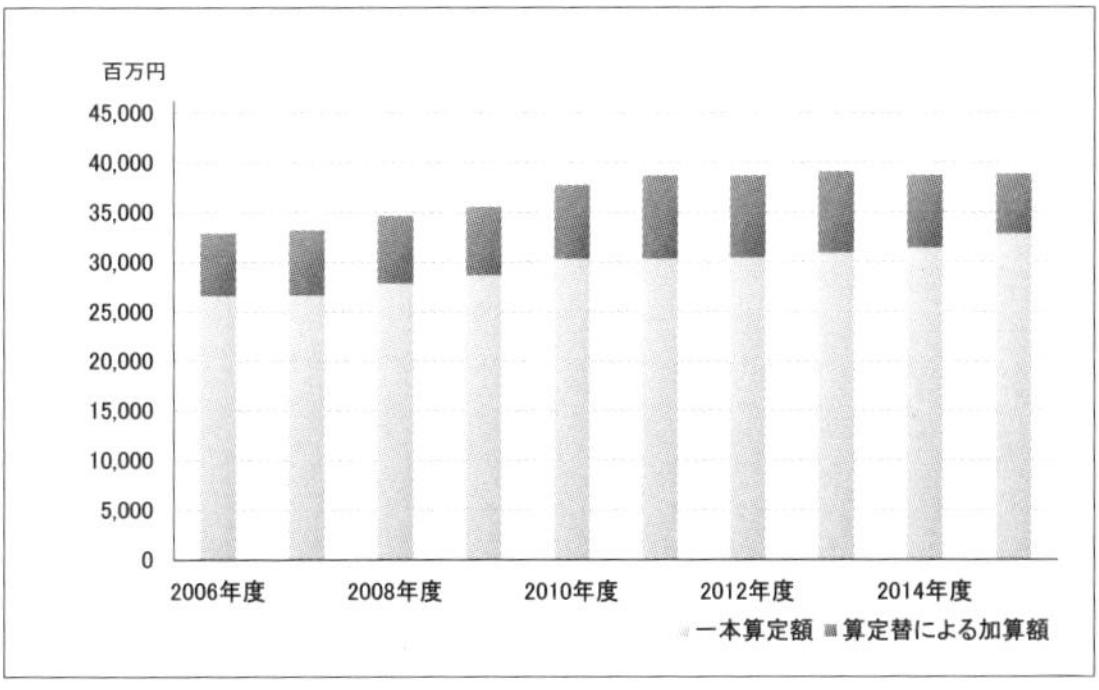

資料）表１に同じ。

一〇　合併団体・非合併団体の経常収支比率の推移

図７は算定替による影響を別の観点から見るために、経常収支比率の推移を追ったものである。

経常収支比率とは、財政の硬直性を見るための指標で、経常経費に充てられた一般財源が、一般財源全体のどの程度を占めるのかを表す。したがってその数値が高いほど支出の自由度が低いことを意味する。

合併団体の経常収支比率は二〇〇六年度の九二・六％から二〇一五年度の八三・七％まで、非合併団体と概ね同様に推移している。

ここで経常経費額をそのままに、かつ算定替による加算額がなかったものと仮定し計算し直すと、「一本査定」で描かれた点線のようになる。二〇〇六～二〇〇八年度までそれは一〇〇％を超えていた。特に宮古島市では合併直後の二〇〇六年度から二〇一二年度に至るまで一〇〇％を超過する状況であった。これ

図７　合併団体・非合併団体の経常収支比率の推移

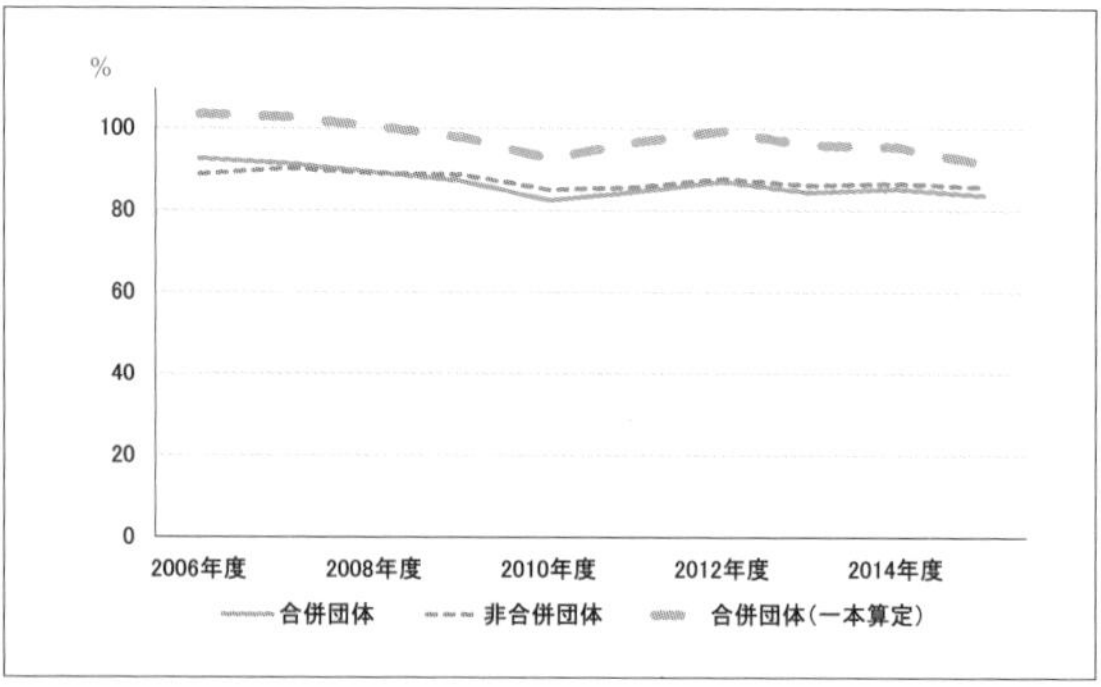

資料）表１に同じ。

は積立金等を取り崩さないとやっていけないという状態であり、かなり苦しい財政運営を強いられたことを意味する。

この算定替による普通交付税の加算も間もなく終了する。今後、国からの普通交付税配分額がどの程度まで削減されるのか、あるいは各団体がどこまで歳出を削ることができるのかにもよるが、いずれにせよ厳しい財政運営となることは間違いない。

一一　合併団体における地方債起債額の推移

図8は合併団体における地方債起債額の推移である。そのうちグラフの網掛け部分は、合併特例債の起債額である。合併特例債のデータが初めて公表されたのが二〇一一年度なので、グラフもそれ以降の推移を示している。

合併団体の地方債発行額は二〇一一年度の約

図8　合併団体における地方債起債額の推移

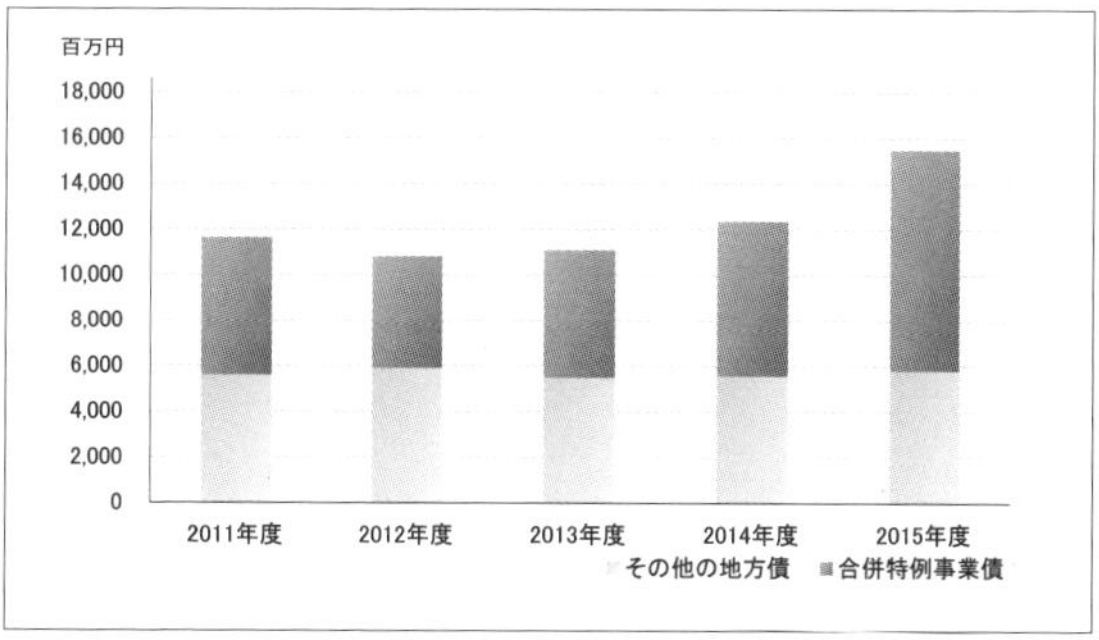

資料）表1に同じ。

一一六億三、一〇〇万円から横ばい傾向にあったものの、二〇一五年度は約一五四億六、三〇〇万円へと大幅に増加した。

合併特例債の地方債全体に占める割合も概ね五〇％程度で推移していたが、二〇一四年度よりその数値が上昇し、二〇一五年度は六二・四％にいたるまでとなった。[13]

合併特例債の活用期限は合併後一五年となっており、その期限が目前に迫っていることからすると、二〇一四年度以降の増加は駆け込みの起債であった可能性が高い。その動きは特に二〇一五年度の合併特例債起債額の大幅な増加となって表れている。

一二　合併団体における地方債現在高

最後にストックのデータとして合併団体における地方債現在高を見た。図9はその推移を示したものである。

これを見ると、近年の地方債発行増を受け、その現在高は二〇一一年度の約一、二五八億円から二〇一五年度

図9　合併団体における地方債現在高

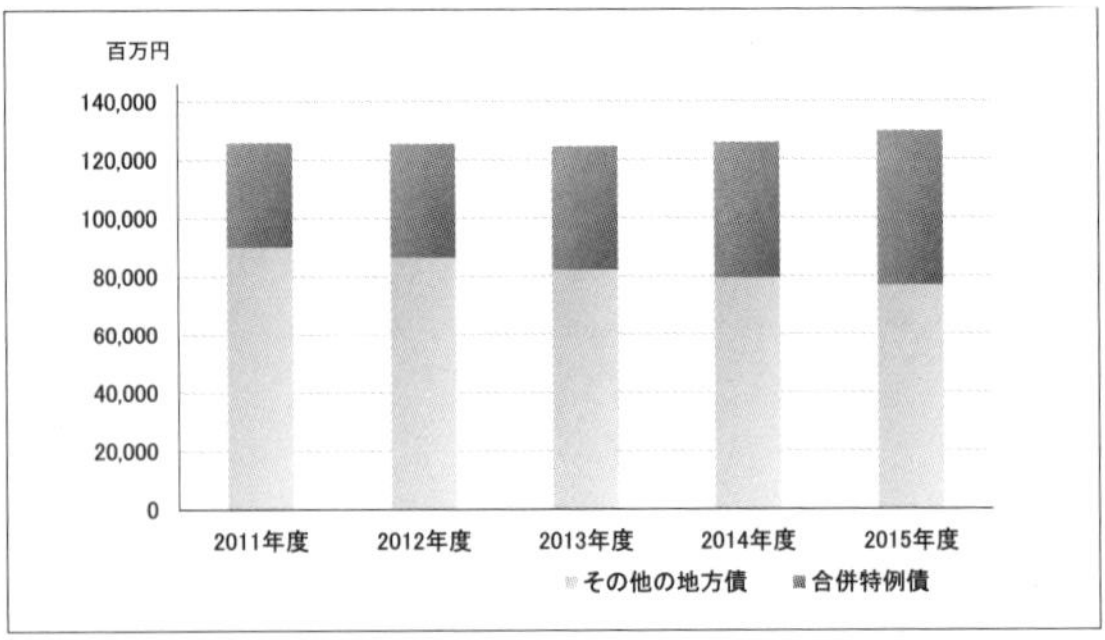

資料）表1に同じ。

の約一、二九六億円へ、三％の増加となっている。そのなかで合併特例債の残高は、二〇一一年度の約三五七億円から、二〇一五年度には五二六億円へと四七・六％もの大幅な増加となった。そのため合併特例債の地方債に占める割合は二〇一一年度の二八・三％から二〇一五年度は四〇・六％を占めるに至っている。

合併特例債は、充当率九五％、元利償還金の七〇％が基準財政需要額に算入されるといったように、財政上かなり優遇されている。しかし、少なくとも事業費の三割程度は当該団体の負担となり、今後、一本算定の実施により普通交付税が削減されることを考えれば、償還財源の捻出などの面で厳しい財政運営を強いられることにもなりかねない。

むすびにかえて―合併団体の抱える課題―

「平成の大合併」は、「三位一体改革」の下、後年度の交付税措置を伴う合併特例債の発行、そして合併算定替の延長による財源の保障といった財政上の優遇措置を基本として進められてきた。

県内の合併団体においても、普通交付税は堅調な伸びが続いており[(14)]、合併特例債の発行増もあって地方債は二ケタ台の増加となった。一方、歳出面では、公債費は引き続き増える傾向にある。

合併算定替、合併特例債の活用期限は久米島町で二〇一七年、その他の四市町では二〇二〇年となっている。これ以降は、普通交付税の削減、公債償還のための負担増に直面することとなる。

先行研究においては、優遇措置によるこれまでの財政の膨張を危惧し、行政改革の推進による歳出削減の必要性が指摘されている。(15)

なによりも大切なことは、一国として考えれば、これらの財政措置が非合併団体の住民への負担転嫁という一面を持ち、同時に将来世代へのツケ回しでもあることを忘れてはならない。(16)

参考文献

市來圭（二〇一四）「一〇年目を迎えた『平成の市町村合併』の効果と課題—岐阜県内の市町村を事例として—」、『Report』（共立総合研究所）、Vol.一五四、三—一四頁。

伊藤敏安（二〇一七）『二〇〇〇年代の市町村財政』、広島大学出版会。

川瀬憲子（二〇一一）「『平成の大合併』期における合併特例債が自治体財政に及ぼす影響—静岡市の事例を中心に—」、『静岡大学経済研究センター研究叢書』、第九号、一—三一頁。

中澤克佳・宮下量久（二〇一六）『「平成の大合併」の政治経済学』、勁草書房。

中村康一（二〇一五）「新潟県における平成の市町村合併と財政力の変遷」、『現代社会文化研究』、No.六〇、一六九—一八五頁。

林宏昭・橋本恭之（二〇〇七）『入門地方財政（第2版）』、中央経済社。

林宜嗣（二〇〇八）『地方財政（新版）』、有斐閣ブックス。

注

(1) 川瀬(二〇一二)四頁は「平成の大合併」を三つの時期に区分している。第一段階が一九九五~一九九九年度まで。第二段階が一九九九~二〇〇五年度まで。そして第三段階が二〇〇五~二〇一〇年度までである。

(2) 本稿は、一般を対象とした「公開講座」向けであるため、先行研究の整理は省略する。中澤・宮下(二〇一六)、第二章を参照。

(3) 中澤・宮下(二〇一六)、一〇頁では、合併特例債の目的を、①合併市町村の一体性の速やかな確立、②合併市町村の均衡ある発展、③合併市町村の建設を総合的かつ効果的に推進、④合併市町村における住民の連帯の強化、旧市町村区域別の地域振興等の基金の積立、と詳しく分類し、それぞれの事業内容と具体例を挙げている。うるま市では、これを利用して「地域振興基金造成事業」(約三二億円)や運動公園整備事業(約一四億円)、その他、道路整備事業や小中学校の校舎増改築事業などが実施されている。当初、起債の期限は合併年度及びそれに続く一〇年度とされたが、その後の改正で東日本大震災の被災団体は二〇年度、それ以外の団体は一五年度に延長された。

(4) 「新合併特例法」の下で、これまでの「合併特例債」から「合併推進債」へ名称が変わり、起債充当率が九〇%、交付税措置が元利償還金の四〇%までに改められた。また、合併算定替の特例期間、激変緩和期間がそれぞれ五年に短縮された。

(5) 地方交付税は臨時財政対策債を含む。

(6) 林・橋本(二〇〇七)、一四一頁参照。

(7) 林（二〇〇八）、一一八頁参照。

(8) 久米島町、うるま市、宮古島市、八重瀬町、南城市の五団体。以下、単に「合併団体」と記述する。

(9) 合併五市町以外の三六市町村。

(10) 二〇〇一年度のデータは、現在の団体ごとに集計した。

(11) たとえば川瀬（二〇一一）による静岡市の事例。

(12) 琉球新報（二〇一七年一〇月二日付）。

(13) 中澤・宮下（二〇一六）、一二二頁は、計量分析に基づき「多くの合併自治体が特例債の発行を増加させる一方で、特例債以外の一般地方債の発行を抑制してきた…（以下、省略）」と、特例債と一般地方債との代替関係を指摘している。

(14) 『三位一体改革』による交付税の削減や新型交付税などの影響を受けて、実質的にほんのわずかしか財源保障されていない」、との指摘もある。川瀬（二〇一一）、一六頁を参照。

(15) 伊藤（二〇一七）、五九頁は、「合併算定替」による普通交付税の増加を「水ぶくれ」と呼び、「普通交付税とともに合併特例債をはじめとする地方債への依存が増大していることは、市町村財政の持続性の点からけっして望ましいとはいえない。」と警鐘を鳴らしている。

(16) 非合併団体住民への負担転嫁については、中澤・宮下（二〇一六）、一三〇頁を参照。

刊行のことば

沖縄国際大学学長　前津榮健

二〇一七年六月～一〇月の間に開催された沖縄国際大学公開講座の「うまんちゅ定例講座」をまとめ、『法と政治の諸相』と題して刊行することとなりました。

大学は高等教育機関として社会に有用な人材の育成を目指すことを第一の使命としています。本学は、「沖縄の伝統文化と自然を大切にし、人類の平和と共生を支える学術文化を創造する。そして豊かな心で個性に富む人間を育み、地域の自立と国際社会の発展に寄与する」ことを教育理念として、人材育成に努めております。

また、大学は人材育成を目指す教育機関としてだけではなく、教育活動の成果を地域社会に還元し、地域社会の発展に寄与することも使命の一つであります。本学では地域社会で暮らす皆様に向けて、うまんちゅ定例講座、学外講座、大学入門講座、大学正規科目の公開、そして講演会の五種類の公開講座を提供しております。

その中で、「うまんちゅ定例講座」の刊行は、第一巻の『琉球大国の時代』から始まり、今回で二七巻目にあたります。

これまでにも、沖縄の歴史、文化、芸能、社会、経済、産業、環境、政治、法政、基地問題等、多岐にわたる分野の中から、各学部持ち回りでメインテーマを設定した講座を開催しており、本書の末尾にシリーズ全二六巻のタイトルと各担当者のテーマを掲載しておりますので、併せてご覧頂ければ幸いです。

今回は、法学部の教員を中心に一〇人がその専門性と見識に基づき、昨今沖縄の社会問題として叫ばれる子どもの貧困と人権状況、沖縄の抱える基地問題と国際法、労働者の抱える問題、経済政策と法、自治体財政の抱える課題、さらには消費者の保護や弁護士費用の保険等、沖縄社会における「法と政治」を明らかにすべく、様々な切り口から研究発表を行いました。沖縄社会の抱える諸問題を考える一助になればと存じます。

沖縄国際大学は、日本復帰直前の一九七二年二月に創立して以来、建学の精神に則り、前述の教育理念に基づき、地域に根ざし、世界に開かれた大学を目指して参りました。こらからさらに力強く発展するために、地域と連携・協力し、地域を世界につなげる人材の育成に邁進してまいります。

万国津梁の沖縄を運営する人材を目指し、未来を展望するためにも、「うまんちゅ定例講座」シリーズの刊行がその役割の一つを担っているものと考えております。

老若男女を問わず、多くの県民の皆さんが「うまんちゅ定例講座」に参加し、活発な議論を交わして頂くことができれば、本講座の大きな目的が果たされるといえるでしょう。

皆様の人生を豊かなものにして頂く一助となりますよう、今後も「うまんちゅ定例講座」をよろしくお願い致します。

沖縄国際大学公開講座27

法と政治の諸相

発　行――二〇一八年三月三〇日
編　集――沖縄国際大学公開講座委員会
発行者――中野　正剛
発行所――沖縄国際大学公開講座委員会
〒九〇一―二七〇一
沖縄県宜野湾市宜野湾二丁目六番一号
電話　〇九八―八九二―一一一一（代表）
印刷所――株式会社　東洋企画印刷
発売元――編集工房東洋企画
〒九〇一―〇三〇六
沖縄県糸満市西崎町四丁目二一―五
電話　〇九八―九九五―四四四四

ISBN978-4-905412-86-1 C0060 ¥1500E

地域を映す
沖縄国際大学公開講座

沖縄国際大学公開講座シリーズ　四六版

1 琉球王国の時代
一九九六年発行　発売元・ボーダーインク　本体価格　一四五六円
琉球王国以前の沖縄　高宮廣衛／琉球の歴史と民衆　仲地哲夫／琉球王国の英雄群像　遠藤庄治／琉球王国と言語　高橋俊三／琉球王国の通訳者　伊波和正／琉球王国と武芸　新里勝彦

2 環境問題と地域社会—沖縄学探訪—
一九九七年発行　発売元・ボーダーインク　本体価格　一四五六円
地形図をとおしてみた沖縄—沖縄の自然と文化　小川護／沖縄の土壌—ジャーガル・島尻マージ・国頭マージの特性　名城敏／沖縄の自然とその保全—やんばるの森はいま！　宮城邦治／沖縄の信仰と祈り—民間信仰の担い手たち　稲福みき子／沖縄の地域共同体の諸相—ユイ・郷友会・高齢者など　玉城隆雄／沖縄から見た世界のスポーツ　宮城勇

3 女性研究の展望と期待
一九九七年発行　発売元・那覇出版社　本体価格　一四五六円
ノーベル文学賞と女性　喜久川宏／英米文学史の中の女性像　伊波和正／アメリカ南部の女性像　ウィリアム・ランドール／近代女性作家の戦略と戦術　黒澤亜里子／沖縄県における女子労働の実態と展望　比嘉輝幸／教科書に見られる女性労働と女性像　カレン・ルパーダス

4 沖縄の基地問題
一九九七発行　発売元・ボーダーインク　本体価格　一四五六円
沖縄の基地問題の現在　阿波連正一／米軍の犯罪と人権　福地曠昭／反戦地主、「おもい」を語る　新崎盛暉・真栄城玄徳／米軍基地と平和的生存権　井端正幸／地方分権と機関委任事務　前津榮健／沖縄社会と軍用地料　来間泰男／国内政治の変遷と沖縄基地　高嶺朝一／日米安保体制と沖縄　長元朝浩／国際都市形成構想の意義　府本禮司／基地転用と国際都市形成構想の課題　野崎四郎

5 アジアのダイナミズムと沖縄
一九九七年発行　発売元・ボーダーインク　本体価格　一五〇〇円
アジアの経済的ダイナミズム　富川盛武／華南経済圏と沖縄　富川盛武／中国本土における経営管理　天野敦央／台湾の政治と経済の発展　湧上敦夫／沖縄・福建圏域の構想と実現化—中国との共生を目指して　吉川博也／岐路に立つ韓国経済　呉錫畢／タイの経済発展新垣勝弘／シンガポールの社会経済の発展と課題　大城保／国境地域の経済　野崎四郎／華僑のネットワーク　小熊誠／外来語にみる日本語と中国語　兼本敏／タイに学ぶ共生の社会　鈴木規之／韓国の文化と社会　稲福みき子

沖縄国際大学公開講座委員会刊

地域を映す
沖縄国際大学公開講座

6 沖縄経済の課題と展望

一九九八年発行　発売元・那覇出版社　本体価格　一五〇〇円

沖縄経済の現状と課題　湧上敦夫／国際都市形成構想　宮城正治／規制緩和と沖縄の経済発展―フリー・トレード・ゾーン（FTZ）を中心に　富川盛武／米軍基地と沖縄経済　眞栄城守定／地方財政の動向と地域振興　前村昌健／軍事基地と自治体財政　仲地博／沖縄の経済開発政策　野崎四郎／沖縄の政策金融　譜久山當則／内発的発展による沖縄の経済発展と自立化―沖縄と済州島の比較　呉錫畢／沖縄のアグリビジネス―主として薬草産業（健康食品産業）を中心に　比嘉堅／沖縄の雇用問題―次世代の主役たちのための社会的資源の適正配置を考える　喜屋武臣市／マルチメディア・アイランドの形成に向けて　金森邦雄／返還跡地と業態立地―北谷町の事例を中心に　金城宏／国際都市と自由貿易構想の検討―主として流通論を中心に　新城俊雄／沖縄の産業と規制緩和　宮城弘岩

7 南島文化への誘い

一九九八年発行　発売元・那覇出版社　本体価格　一五〇〇円

南島文化への誘い―南島文化とは何か・模合から見た沖縄とアジア―　波平勇夫／南島現代社会論への誘い―現代沖縄の郷友会社会―　石原昌家／南島考古学への誘い―沖縄のルーツ―　當眞嗣一／南島近世史への誘い―日本の中の異国―　仲地哲夫／南島民俗宗教への誘い―南島の祖先祭祀―　平敷令治／南島文化人類学への誘い―中国から来た風水思想―　小熊誠／民俗社会における「正当性」を巡る考察　李鎭榮／琉球方言への誘い―琉球方言の地域性―　加治工真市／琉球・社会方言学への誘い―沖縄の若者言葉考―　野原三義／沖縄民話への誘い―キジムナーとカッパ―　遠藤庄治／琉球文学への誘い―『おもろさうし』の魅力　嘉手苅千鶴子／沖縄民俗音楽への誘い―神歌からオキナワン・ポップスまで―　比嘉悦子／南島民俗芸能への誘い―祭りや村遊びに出現する踊り神・来訪神　宜保榮治郎

8 異文化接触と変容

一九九九年発行　発売元・編集工房東洋企画　本体価格　一五〇〇円

源氏物語と異文化―「辺境」からの創造―　葛綿正一／中世神話と異文化―養蚕をめぐる貴女の物語―　濱中修／大城立裕―内包される異文化―　大野隆之／イスラムとユダヤの出会い　須永和之／ことばと異文化接触　兼本敏／沖縄の異文化家族―エスニシティーへの理解と言語習得・教育の諸問題―　ダグラス・ドライスタット／アフリカ系アメリカ人の文学と沖縄文学―二重意識の問題を中心に―　追立祐嗣／大学における国際化と文化的交流　西平功／バルザックの世界と異文化―アジアの国々をめぐる想像の産物―　大下祥枝／日本とドイツ―人の交流―　漆谷克秀／文学における異文化接触　米須興文

沖縄国際大学公開講座委員会刊

地域を映す
沖縄国際大学公開講座

9 転換期の法と政治

二〇〇〇年発行　発売元・編集工房東洋企画　本体価格　一五〇〇円

転換期における国際政治と外交　松永大介／転換期における医療保険の現状と未来　伊達隆英／生命保険契約法の改正について―その社会的背景と展望―　脇阪明紀／人権の国際的保護　緑間榮／日本の外交政策―転換期の環境問題―　赤阪清隆／安楽死是非論　高良阮二／転換期における東欧と民族紛争―コソボ危機を中心に―　伊藤知義／転換期の国家法一元論　徳永賢治／消費者法の展開―製造物責任法と消費者契約法―　阿波連正一／企業再編時代の到来―会社法の現在、そして未来―　山城将美／二一世紀に向けた国際政治の潮流と沖縄　江上能義／変わりゆく家族―国際的な状況の変化と家族法のゆくえ―　熊谷久世／変貌する少年法制　小西由浩／地方分権と行政課題―情報公開を中心として―　前津榮健／遺伝子鑑定の現実と社会的環境　新屋敷文春

10 情報革命の時代と地域

二〇〇一年発行　発売元・ボーダーインク　本体価格一五〇〇円

マルチメディア社会とは何か　稲垣純一／沖縄県にソフトウェア産業は根付くか　又吉光邦／産業ネットワークと沖縄経済の振興　富川盛武／情報技術革新下の課題と方途―情報管理の視点から情報化の本質を考える―　砂川徹夫／情報技術の商業的な利用法について　安里肇／情報通信による地域振興　古閑純一／デジタルコンテンツビジネス産業の可能性について　稲泉誠／情報化と行政の対応　前村昌健／IT（情報技術）とマーケティング　宮森正樹／沖縄県におけるコールセンターの展望　玉城昇

11 沖縄における教育の課題

二〇〇二年発行　発売元・編集工房東洋企画　本体価格　一五〇〇円

教育崩壊の克服のために―教育による人間化を―　遠藤庄治／日本語教育から見たパラダイム・シフト―より豊かな「つながり」を目ざして―　大城朋子／学校教育とカウンセリング　逸見敏郎／教育課程改革の動向と教育の課題―「総合的な学習の時間」導入の背景と意義―　三村和則／現代沖縄と教育基本法の精神―人権・平和・教育の課題への問い―　森田満夫／教師に求められる新たな人間観・教育観　玉城康雄／「生きる力」を培う開かれた教育　津留健二／総合学習と地理教育の役割―環境論的視点から―　小川護／沖縄の国語教育―作文教育の成果と課題―　渡辺春美／教育情報化への対応　吉田肇吾／情報教育の課題―有害情報問題をめぐって―　山口真也／平和教育の課題　安仁屋政昭／大学の現状と課題―大学の危機とポスト学歴主義―　阿波連正一／憲法・教育基本法の根本理念　垣花豊順／八重山の民話と教育　遠藤庄治／学校教育と地域社会教育の連携と教育の再興　大城保

沖縄国際大学公開講座委員会刊

地域を映す
沖縄国際大学公開講座

12 自治の挑戦 これからの地域と行政

二〇〇三年発行　発売元・編集工房東洋企画　本体価格　一五〇〇円

地方分権と自治体の行政課題　前津榮健／国際政治のなかの沖縄　吉次公介／地方議会の現状と課題　照屋寛之／沖縄の基地問題　屋良朝博／市民によるまちづくり・NPOの挑戦　横山芳春／アメリカの自治に学ぶ　佐藤学／地方財政の現状と課題　前村昌健／沖縄の地方性と政治　西原森茂／政策評価とこれからの地方自治　佐藤学／八重山の自然環境と行政　西原森茂／今なぜ市町村合併か　照屋寛之／政治の中の自治と分権　井端正幸

13 様々な視点から学ぶ経済・経営・環境・情報

―新しい時代を生きるために―

二〇〇四年発行　発売元・編集工房東洋企画　本体価格　一五〇〇円

テーゲー経済学序説―環境・経済・豊かさを語る―　呉錫畢／キャッシュ・フロー情報の利用　鵜池幸雄／IT時代の情報管理モデル　砂川徹夫／食糧生産と地理学―米と小麦生産を中心に―　小川護／日本社会経済の再生―地域分権化・地域活性化・全国ネットワーク化―　大城保／長期不況と日本経済のゆくえ―構造改革路線を考える―　鎌田隆／タイの観光産業の現状とマーケティング活動　モンコンノラキット・モンコン／久米島の環境　名城敏／ヨーロッパ公企業論―タバコ産業の場合―　村上了太／マーケティングの心とビジネス　宮森正樹／自動車システムから学ぶ人間の生き方　比嘉堅

14 沖縄芸能の可能性

二〇〇五年発行　発売元・編集工房東洋企画　本体価格　一五〇〇円

国立劇場と沖縄芸能の可能性　大城學／琉球舞踊と玉城盛義　玉城節子／沖縄の民話と芸能　遠藤庄治／琉球芸能の可能性　狩俣恵一／沖縄芝居と沖縄方言　八木政男／琉歌を語る、歌う　島袋正雄／祭祀芸能の地理的基盤―本部町村落の景観変化―　崎浜靖／本土芸能と琉球芸能――覚書　葛綿正一／琉球舞踊と初代宮城能造　宮城能造／創作組踊の可能性―大城立裕の「新五番」　大野隆之／組踊、いまむかし　島袋光晴

15 基地をめぐる法と政治

二〇〇六年発行　発売元・編集工房東洋企画　本体価格　一五〇〇円

なぜ米軍は沖縄にとどまるのか　我部政明／米軍基地と日米地位協定　新垣勉／戦後沖縄の「保守」に関する基礎的考察　吉次公介／米軍再編と沖縄基地、普天間の行方は？　伊波洋一／米国の保守支配を考える　佐藤学／普天間飛行場跡地利用を考える　上江洲純子／軍事基地と環境問題　砂川かおり／基地と情報公開　前津榮健／米軍再編と沖縄　問われる発信力　松元剛／基地問題と報道　三上智恵／刑事法から見る「日米地位協定」　小西由浩／基地所在市町村における公共投資支出　平剛

沖縄国際大学公開講座委員会刊

地域を映す
沖縄国際大学公開講座

16 グローバル時代における地域経済　二〇〇七年発行　発売元・編集工房東洋企画　本体価格　一五〇〇円

ベトナムに進出したウチナーンチュ企業　鎌田隆／二一世紀沖縄の社会経済の自立に向けて―道州制を展望する―　大城保／変革の時代における働き方―希望格差の拡大と働く意欲―　名嘉座元一／エジプトの観光経済―沖縄から考える―　村上了太／成長する中国の開発戦略　新垣勝弘／消費社会と政策―大量消費社会を展望する―　名城敏／フラワービジネスと企業戦略―わが国と中国を事例として―　小川護／ケルトの虎、アイルランド―アイルランドの経済・文化より沖縄の夢を語る―　呉錫畢／グローバル時代における地域経済―フラット化する世界とローカルな世界―　野崎四郎

17 生活目線のネットワーク社会「ゆんたく」de ＩＴとくらし　二〇〇八年発行　発売元・編集工房東洋企画　本体価格　一五〇〇円

ユビキタス社会における地域資源を活用した産業づくり　上地哲／情報化・ＩＴ化とディスクロージャー　清村英之／情報関連産業の集積と人的資源開発　兪炳強／建設業における原価企画の展開　木下和久／メディアとしてのブログ　大井肇／ウチナー社会にも押し寄せる情報化の波　伊波貢／ＩＴによる意思決定支援　平良直之／沖縄産マンゴーのブランド力強化と栽培履歴情報システムの普及要件　廣瀬牧人

18 なかゆくい講座　元気が出るワークショップ　二〇〇九年発行　発売元・編集工房東洋企画　本体価格　一五〇〇円

逆ギレを防ぐ―相手を挑発をしないコツ―　山入端津由／フライングディスクで新たな感動と興奮のスポーツ発見！　宮城勇／落ち着かない子ども達への対応ワークショップ～発達障害児をもつ保護者への心理教育アプローチから～　知名孝／沖縄県におけるスクールソーシャルワーカー活用事業の実態―〝スクールソーシャルワーク元年〟にアンケート調査から見えてくるもの―　比嘉昌哉／子どもの社会性を育む遊びワークショップ―子どもＳＳＴへの招待―　栄孝之／感覚であそぼ―知覚と錯覚の不思議体験―　前堂志乃／解決志向のセルフケア―不幸の渦に巻き込まれないコツ―　牛田洋一／心とからだとストレス―生活習慣病の予防としてのストレス管理―　上田幸彦／ユニバーサルスポーツ体験講座―車いすサッカーの魅力―　下地隆之／こころとからだのリラックス～動作法入門～　平山篤史

19 うまんちゅ法律講座　二〇一〇年発行　発売元・編集工房東洋企画　本体価格　一五〇〇円

日本国憲法の原点を考える　井端正幸／裁判員制度について　吉井広幸・渡邉康年／刑事裁判の変貌　小西由浩／不況と派遣労働者　大山盛義／個人情報保護法制定の意義と概要　前津榮健／グレーゾーン金利廃止と多重債務問題　田中稔／会社法の課題　―企業グループの運営における支配会社の責任　坂本達也／歴代那覇地裁・那覇家裁所長から裁判所行政を考える　西川伸一／日本の立法過程：政治学の観点から　芝田秀幹／郷土の法学者　佐喜眞興英の生涯　稲福日出夫

沖縄国際大学公開講座委員会刊

地域を映す
沖縄国際大学公開講座

20 地域と環境ありんくりん

二〇一一年発行　発売元・編集工房東洋企画　本体価格　一五〇〇円

新エネルギーとして導入が進む太陽光発電　新垣武／持続可能な観光と環境保全　上江洲薫／沖縄県における「基地外基地」問題について　友知政樹／沖縄ジュゴン訴訟　砂川かおり／地域の環境保全に活かされる金融　永田伊津子／島嶼型低炭素社会を探る　野崎四郎／沖縄本島と沖永良部島におけるキク類生産の現状と課題　小川護／観光を楽しむための情報技術　根路銘もえ子／沖縄の自然環境と環境問題　名城　敏／コモンズ（入会）と持続可能な地域発展　呉錫畢

21 産業を取り巻く情報

二〇一二年発行　発売元・編集工房東洋企画　本体価格　一五〇〇円

銀行ATMの「こちら」と「むこう」　池宮城尚也／情報化と行政について　前村昌健／観光調査の情報分析と政策への提言　宮森正樹／パソコンや家電が身振り手振りで操作できる！　小渡悟／情報を知識に変えるマネジメント　岩橋建治／海外市場における日本製娯楽ソフトの不正利用状況と消費メカニズム　原田優也／オリオンビールの新製品開発と原価企画　木下和久／県内企業と決算情報　河田賢一

22 世変わりの後で復帰40年を考える

二〇一三年発行　発売元・編集工房東洋企画　本体価格　一五〇〇円

島津侵入～近世琉球への模索～　田名真之／琉球処分　赤嶺守／沖縄戦 ― 壊滅から復興へ　吉浜忍／占領という「世変わり」と自治の模索　鳥山淳／沖縄の開発と環境保護　宮城邦治／文化財行政、世界遺産　上原靜／沖縄の生殖・家族とジェンダー　澤田佳世／民俗宗教と地域社会　信仰世界の変容　稲福みき子／記憶と継承　記憶・保存・活用　藤波潔／先住民族運動と琉球・沖縄　石垣直

23 自治体改革の今　沖縄の事例を中心にして

二〇一四年発行　発売元・編集工房東洋企画　本体価格　一五〇〇円

沖縄の発展可能性と戦略　富川盛武／琉球政府と沖縄県―権力移行期における「議会」の比較―　黒柳保則／市町村合併と自治体改革　古謝景春／那覇市繁多川公民館の試みから　大城喜江子・南信乃介／中核市・那覇の未来を拓く　翁長雄志／地方制度改革の現状　佐藤学／議会改革の現状と課題―アンケート調査結果を中心に―　前津榮健／行政評価と自治体財政　平剛／国と地方のあり方～地方分権改革の視点から～　照屋寛之

沖縄国際大学公開講座委員会刊

地域を映す
沖縄国際大学公開講座

24 沖縄を取り巻く経済状況

二〇一五年発行　発売元・編集工房東洋企画　本体価格　一五〇〇円

横断的問題解決手法　浦本寛史／沖縄経済論―二つの陥穽について―　宮城和宏／沖縄の雇用労働問題―中小企業イコールブラック企業か―　名嘉座元一／沖縄経済と観光　湧上敦夫／沖縄の基地経済～課題と展望～　前泊博盛／大学の社会的責任―経済性と社会性に関する非営利組織論的アプローチ―　村上了太／アブダクションを用いた製品設計のための方法論の検討―沖縄における創造性―　金城敬太／地域資産としての沖縄の文化的景観　崎浜靖／沖縄における金融状況　安藤由美／沖縄における交通産業の生成と発展　梅井道生

25 産業情報学への招待

二〇一六年発行　発売元・編集工房東洋企画　本体価格　一五〇〇円

観光資源未開発地域の活性化に関する一考察　宮森正樹／沖縄県財政の特徴―類似県との比較を通じて―　仲地健／沖縄県におけるスポーツの果たす可能性を探る　慶田花英太／沖縄県におけるＩＴ人材育成の課題と方途　砂川徹夫／クルーズ客船の経済学　田口順等／アジア新中間層における日本エンターテインメントの消費行動　原田優也／沖縄県における六次産業化の現状について　高嶺直／地域経済からみる中国国際貿易市場　佐久本朝一／人工知能見聞録　曺真

26 しまくとぅばルネサンス

二〇一七年発行　発売元・編集工房東洋企画　本体価格　一五〇〇円

琉球文とシマ言葉　狩俣恵一／しまくとぅばと学校教育　田場裕規／ベッテルハイムと『英琉辞書』漢語　兼本敏／沖縄を描く言葉の探求　村上陽子／崎山多美の文体戦略　黒澤亜里子／香港における言語状況　李イニッド／琉球語の表記について　仲原穣／琉球民謡に見るしまくとぅばの表現　西岡敏／「しまくとぅば」の現状と保存・継承の取り組み　中本謙／南琉球におけるしまくとぅばの現状　下地賀代子／「うちなーやまとぅぐち」から「しまくとぅばルネッサンス」を考える　大城朋子／現代台湾における原住民族語復興への取り組み　石垣直／なぜ琉球方言を研究するか　狩俣繁久

27 法と政治の諸相

二〇一八年発行　発売元・編集工房東洋企画　本体価格　一五〇〇円

子どもの人権と沖縄の子どもの現状　横江　崇／労働者に関する法と手続～よりよい労働紛争の解決システムを考える～　上江洲純子／外国軍事基地の国際法と人権　新倉修／学校と人権―校則と人権のこれまでとこれから―　安原陽平／高校生の「政治活動の自由」の現在　城野一憲／沖縄の経済政策と法　伊達竜太郎／弁護士費用補償特約について　清水太郎／消費者と法　山下良／子ども食堂の現状と課題（講演録）　スミス美咲／海兵隊の沖縄駐留の史的展開―一九五〇年代と一九七〇年代を中心に―　野添文彬／市町村合併の自治体財政への影響―沖縄県内の合併を事例に―　平剛

沖縄国際大学公開講座委員会刊

地域を映す
沖縄国際大学公開講座

沖国大ブックレット　A5版

1 アメリカの大学と少数民族そして沖縄
ハワイ国際大学学長　崎原貢　著
一九九六年発行　発売元・那覇出版社　本体価格四八五円

2 21世紀への私立大学の課題
早稲田大学総長　奥島孝康　著
一九九六年発行　発売元・ボーダーインク　本体価格四八五円

3 琉球王国と蝦夷地
札幌学院大学法学部教授　山畠正男　著
一九九八年発行　発売元・編集工房東洋企画　本体価格四八五円

4 多数派と少数派、民主主義の意味
インド・政策研究センター教授　桜美林大学客員教授
ラジモハン・ガンディー　著
一九九八年発行　発売元・編集工房東洋企画　本体価格五〇〇円

5 思考方法としての写真
写真家／プランナー　勇崎哲史　著
一九九九年発行　発売元・編集工房東洋企画　本体価格五〇〇円

6 東アジアにおける沖縄民俗の地位
創価大学文学部特任教授　竹田旦　著
二〇〇〇年発行　発売元・ボーダーインク　本体価格五〇〇円

7 21世紀・社会福祉の展望
日本社会事業大学教授・日本社会福祉学会会長　大橋謙策　著
二〇〇一年発行　発売元・ボーダーインク　本体価格五〇〇円

8 タクラマカン砂漠と住民生活
立正大学副学長・立正大学地球環境科学部教授・文学博士　澤田裕之　著
二〇〇一年発行　発売元・編集工房東洋企画　本体価格五〇〇円

沖縄国際大学公開講座委員会刊

地域を映す
沖縄国際大学公開講座

9 沖縄と世界の海の神話／西洋の海の神話
学習院大学教授・同大学文学部長　吉田敦彦　著／フランス・グルノーブル第三大学教授・同大学想像性研究所所長　フィリップ・ワルテル　著
二〇〇二年発行　発売元・編集工房東洋企画　本体価格五〇〇円

10 21世紀における大学教育
札幌学院大学教務部長 廣川和市、名城大学学長 網中政機、京都学園大学人間文化学部長（次期学長）海原　徹
桜美林大学学長 佐藤東洋士、熊本学園大学理事・事務局長 目黒純一、沖縄国際大学理事長・学長 波平勇夫　著
二〇〇三年発行　発売元・編集工房東洋企画　本体価格五〇〇円

11 個人のライフスタイルとコミュニティーの自立
心理学者　ジル・ジョーダン　著
二〇〇三年発行　発売元・編集工房東洋企画　本体価格五〇〇円

12 グローバリゼーションの中の沖縄
沖縄国際大学理事長・学長 波平勇夫、イリノイ大学名誉教授 コージ・タイラ、静岡県立大学教授 伊豆見 元、宜野湾市長 伊波洋一、フランス国立科学研究センター研究主任・社会科学高等研究院日本研究所所長 パトリック・ベイヴェール、翰林大学校教授・日本学研究所所長 池 明観
二〇〇四年発行　発売元・編集工房東洋企画　本体価格五〇〇円

13 元米海兵隊員の語る戦争と平和
アレン・ネルソン　著
二〇〇六年発行　発売元・編集工房東洋企画　本体価格五〇〇円

14 インドの生命科学　アーユルヴェーダに学ぶ、真の沖縄の健康づくり
クリシュナ・ウパディヤヤ・カリンジェ　著
二〇〇九年発行　発売元・編集工房東洋企画　本体価格五〇〇円

沖縄国際大学公開講座委員会刊